医療
ソーシャル
ワーカーの

ストレス
マネジメント

やりがいをもって仕事をするために

編著
杉山明伸
保正友子
楢木博之

中央法規

　タナカさん（50歳）が車椅子に乗り、娘（19歳）に連れられ相談室にやってきました。タナカさんは10年前にアルコール依存症の夫と離婚し、長距離トラックの契約運転手をして娘と暮らしています。熊本の出身で実家には兄家族が住んでいますが、長く交流はありません。その日一日をしのぐのが精一杯で、社会保険料なども期限どおりの支払いは難しい状況でした。娘は、高校卒業後に奨学金を受け、アルバイトをしながら大学に通っていました。

　最近まで元気だったのに、ここ1週間で急に歩けなくなり、近医の紹介で地域医療支援病院を受診しました。総合診療科から神経内科を経て、医師は問診・検査等により、進行の早い筋萎縮性側索硬化症（ALS）を疑い、急激な日常生活の不自由と経済的不安を気遣ってMSWを紹介しました。二人は確定診断には至らないまでも生命にもかかわる重病であることを告げられ、とても平常心ではいられませんでした。タナカさんは娘に迷惑をかけないように自分を預かってくれる病院を紹介してほしいと言い、娘は大学を辞めて母の世話をすると涙ながらに訴え、費用負担など現実的な諸問題を考えられないほど切羽詰まっていました。

　MSWは、二人が真に自己決定に基づいてこれからのあり方を判断するのは、一番重要な情報（確定診断）がきちんと告げられた後であるから、今は来るべきときに備えた基盤づくりをしようと考えました。そこで、二人の不安を受容することにつとめたうえで、個別な質問に必要な情報を伝え、併せて病院や医療保険の仕組み、生活保護の内容や受給条件を説明しました。後日、病名告知後には心情を配慮しながら、結論を急がせず、これから二人がしなければならないことを一つひとつ確認・整理していきました。

＊　　　　　＊　　　　　＊

　MSWはクライエントと面接する際、「クライエントの決断とは『ご本人が、ご自分の意思で、ご自分の力で、決める』ことであり、それを保障することがこの職の要諦である」と自任しています。もし、危機に遭遇し自分で決められない状況があるのなら、共にその状況を見極め、いずれ取り組めるような環境整備に力点を置きます。MSWが決めることでも、誘導するものでもなく、あくまでも支持、補佐に徹します。このとき、クライエントは人生の岐路に遭遇しているかもしれません。MSWはそれが分かる感性を発揮できるように日頃

から鍛錬しています。そして、この場面に相応の覚悟をもって臨みます。

　クライエントが「今の状況の自分としてはまあ良い（well-being）」と実感できる状態は極めて主観的です。その人らしさはかけがえのない個性ですが、ときに、社会との断絶をもたらすことがあります。家族など限られた集団のなかで、一般では通じにくいロジックに基づいて暮らしていることもあるからです。個性と個性の集まりである社会や人間関係では対立が生まれがちです。現実との折り合いが求められることも少なくありません。

　クライエントは、病気を患ったうえ、その人に特有の心理・社会的問題を抱え、赤の他人に相談し、本来なら誰にも語る必要のないプライバシーを披瀝しなければならない立場におかれます。クライエントの人生にかかわる以上、MSW は専門職としての価値観堅持を心がけます。

　クライエントとかかわる際には MSW 自身の個性も反映されます。MSWに生じる判断や違和感などは、自身の動機・関心・知識・経験に基づくものであり、努めて客観的にあろうとしても、一面的で独りよがりになりがちであることは避けられません。もとより、人が人を援助するということは人智を超えた行為といえるのかもしれません。一方、社会的弱者を支援するという行為は自らの劣等感の補償と指摘する人もいます。

　MSW は職業として他者の人生にかかわる責任を自覚しながらも、今、道に迷っている人たちの案内役であろうとの意欲をもっています。クライエントが困難な状況にあるのはいうまでもありませんが、MSW も幅広い知識や徹底した自己覚知が求められます。私たちはこの道程が険しいことを知っています。それでも、この職の機能が有意義であると信じて、誇りをもって役割を務めていくと決心し、選んだ道を歩み続けます。

＊　　　　＊　　　　＊

　本書は保正、楢木、杉山が、MSW の離職の背景に何があるのかを話し合ったことを出発点にしています。3名とも MSW として勤務した後に教員となり、現在も現任者団体の一員としても活動しています。私たちは平成25〜28年度日本学術振興会科学研究費を得て、2県の MSW 協会でのアンケート調査と実際に離職した人への面接調査を行い、機会を捉えて私たちなりの結果を報告いたしました。調査時には、調査票の作成から結果の統計的分析までを特に大口に尽力してもらいました。本書作成に際しては、大所帯の MSW 室の管理業務で実績のある榊原の助力を仰ぎました。また、本書の計画段階から執

筆・編集段階まで、中央法規出版の澤誠二さんと柳川正賢さんに一方ならぬご支援をいただきました。

　最後になりましたが、私たちのアンケートにご回答いただいた2県協会の会員各位、インタビューに応じてくださった方々、そして、日常の業務を通じ私たちに大いなる刺激を与えてくださる現任のMSWに感謝申し上げます。本書がみなさまの業務継続に少しでもお役に立てることを心より祈っています。

　なお、本書では、現在、病院・診療所・老人保健施設に勤務する医療ソーシャルワーカーを、精神科領域も含みMSWと表記しています。また、本書で取り上げている事例は、全くの創作であるか、インタビューや各筆者の経験に基づく場合であっても、内容の本質を変えずに状況等を大幅に変更してあることを申し添えます。

　2020年3月

編者を代表して
杉山明伸

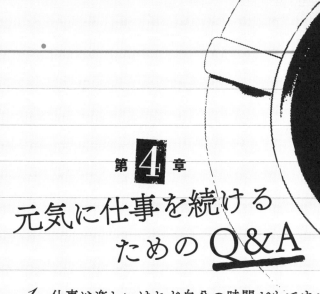

第**4**章

元気に仕事を続ける ための Q&A

おわりに
～10年後も
医療ソーシャルワーカーで
あるために

第1章
病院で働くということ

1 よく見る光景、 よくある状況

　サトウさんは福祉系大学を卒業した社会福祉士で、就職して4年目になるMSWです。職場は首都圏にある600床の地域医療支援病院です。

　「断らない救急」をポリシーとしている病院で救急部門に特に力を入れており、二次救急でありながら救命救急センターに匹敵するほどの設備・機能・人員を有しています。さらに、回復期リハビリテーション病棟50床、緩和ケア病棟20床も併せ持っています。

　一方、病院には救急外来や特殊外来以外の外来機能はなく、通常の外来部門は独立して隣接する総合クリニックに委ねています。病院のソーシャルワーカー室にはサトウさんを含め7名のMSWが所属しています。同僚はMSW経験12年目の主任を筆頭に4名の先輩と、経験2年目の後輩、今春、大学を出て就職してきたばかりの新人という構成です。

　同じ医療法人には総合クリニックのほか、2つのクリニックが近隣にあり、MSWは、1日平均1200名の外来患者が受診する総合クリニックに3名、透析ベッド100床の腎クリニックに1名、往診・デイケアを担う有床の地域ケアクリニックに1名がいます。総合クリニックの1名が経験3年目のほかは先輩たちで、そのうちの1名は、現在、育休中です。MSWたちは、ちょうど年子のように経験年数が異なりますので、比較的年齢が近くてなじみやすく、業務への生真面目さの中にもサークルのような雰囲気を醸し出しています。

　この病院の新人教育は、原則として1名の先輩が1年間、マンツーマンで指導に当たることにしており、サトウさんも2番目に経験年数の長い先輩に付いて仕事を覚えていきました。経験2年目になっても、人工透析導入後の社会福祉制度活用や、もともと利用していた介護施設への転入所などの定型的な援助以外は、業務の合い間に1件1件先輩たちに報告して、介入の方向性などを確認していました。

同じ間違いを繰り返したとき、先輩たちは言葉を荒げて叱責するのではなく、今まで以上に丁寧に業務の展開の仕方について説明してくれ、ありがたく感じています。その一方で、自分の不甲斐なさを恥じ、「いっそう真剣に仕事と向き合わなければ」と肝に銘じました。昨年からは、ようやくほとんどの仕事を自分の判断で対応できるようになり、新たに入職してきた後輩たちに、電子カルテのシステムや日報の入力ルール、残業・休暇の業務手続きなどを助言する機会も増えました。

　サトウさんは、現在、総合診療科の病棟を担当しています。病院が「入退院支援加算1」を算定するようになって以来、病棟でカンファレンスを実施する機会が増えました。同僚もそれぞれの担当病棟に出向きますので、ソーシャルワーカー室が不在になることも珍しくありません。働き方改革の関連で、業務時間外にはなるべく会議を開かないようにとの管理部門からの通達がありましたが、各職種の都合を調整すると、日中に集合できるようなことはまずありません。同僚や他職種も何らかの役割がありますので、かえって私事での休みが取りにくくなり、ややうんざりしています。

　今日のカンファレンスには、原因の分からない倦怠感と急激な体重減少があり、意識消失のため救急搬送されてきた80歳の男性が含まれていました。入院時に保険証を持参していなかったので、病室で事情をうかがったところ、家族が慌てていて忘れただけであることが分かりました。訪室時に挨拶すると、「最近の救急病院って、3か月で出されちゃうんだろ」と訳知り顔で言われました。サトウさんは、心の中で、「いつの頃の話なんだろう。ウチの平均在院日数は11日なんだけどな」とつぶやき、小さな怒りのような感情を自覚しました。

スズキさん

　東海地方出身のスズキさんは、現在、都内の医薬品開発関連の会社で働いています。スズキさんは、10年前、都内の福祉系大学を卒業し、社会福祉士を取得して、実家隣県にある300床の急性期病院に就職して4年間在籍していました。

　勤務開始当初、その病院の医療福祉相談室にはMSWは経験20年の上司とスズキさんがいるだけでした。上司は勤勉で、聡明な人でした。3年目に、他

1　診療報酬の2016年度改定で新設された「退院支援加算」が、2018年度改定で「入院時支援加算」が新設されたことに伴い名称変更したもので、入院早期から退院直後までの"切れ目のない"退院支援が評価され、入退院支援加算Iと入院時支援加算I（一般病棟）を合わせて800点となる。社会福祉士は看護師とともに専任または専従で関与し、原則、入院3日以内に退院困難者を抽出し、7日以内に患者・家族と面談して、カンファレンスを実施することが算定要件となっている。

院で6年勤務経験のある先輩MSWが採用され、相談室は非常勤事務1名を含めて4名体制になりました。

上司と2名で働いていた1年目は、業務を言われたとおりにやることで精一杯でした。しかし、2名しかいないことから、2年目から、ときには上司の代わりに面談せざるをえない場面もあり、上司から「患者の状況を踏まえて何をすべきかを考えてね」と言われても、どうしたら良いか、患者に何を聞いたら良いのかが分からず、上司に何で困っているのかを説明することができないようなことがしばしばありました。面談途中、上司に助言を求め、指示をもらっても、上司が何を言いたいのかが分かりませんでした。上司はきつく詰問することは決してしませんでしたが、多忙な上司を手助けすることができない日が続き、消え入りたい気持ちがどんどん増していきました。

自分より経験のある中途採用者が入職したときには、救われた思いとともに、今思えば、見捨てられた感覚をもったような気がしました。先輩はさすがにてきぱきと業務をこなし、他職種から信頼を得て、上司とも上手に関係を構築していくように見えました。このような様子が非常にうらやましく感じられ、相変わらず上司の言うことを理解できないスズキさんはますますプレッシャーを覚えました。患者を支援するにあたり具体的な手順を知りたいと上司に相談することが、はばかられる心境になりました。そして、余裕のない状況に追い込まれていきました。

勤務3年目の夏頃から、寝つきが悪いうえ、持続的に眠れなくなりました。肩こりがあまりにひどいのでマッサージに通いました。うまくいかないケースのことを四六時中考えていましたが、だんだんと頭が働かなくなっていく感じもありました。そして、初秋を迎えたある朝、目覚めているのに身体が動かず、起きられなくなってしまいました。唐突な出来事でした。何とか職場に電話し、仕事を休むと伝えたら、硬直していた身体が少しずつ緩んでいきました。実家に連絡したところ、「心の病気ではないのか」と指摘され、自宅近くの精神科クリニックを受診してみました。案の定「うつ病」と診断され、そのまま休職することになりました。

職場を休み、外来通院を続けましたが、症状が改善しないので、いったん実家に戻り、長期的に療養することになりました。上司や先輩は「焦らず治療しましょう。待ってるからね」と言ってくれましたが、いっこうに回復せず、復帰の目途が立たなかったので、傷病手当金が切れるタイミングで退職することにしました。就職してからちょうど4年が終わろうとしているときでした。

その後、スズキさんは実家近くで事務のパート仕事に就き、徐々に身体を慣

らしていきました。当初は疲れやすかったのですが、家族の支援もあり、2年ほど仕事が続くようになりましたので、学生時代の友人が多くいる東京に行くことにしました。ハローワークで「事務系、特に希望内容はない、通勤45分以内」で探したところ、現在の医薬品開発関連会社を見つけ、非正規職員として働き始め、勤務実績から正規採用となりました。服薬は予防的に続けていましたが、昨秋からなんとなく受診しなくなりました。今のところ、特に精神的な不調はありません。

　病院で働いていた当時、スズキさんは人から言われたことを鵜呑みにする傾向があり、言われたとおりでなければいけないと思っていました。そして、すぐできないとダメだと感じ、できていない自分を認められず、罪悪感に苛まれました。患者とも同化してしまい、適切な距離を取れず、必要以上に疲れていたと思います。現在の会社で働くようになり、少しは全体を俯瞰できるようになりました。また、お互いに愚痴りつつも、励まし合う同僚とも巡り会えましたし、仕事内容もやることが決まっているので不安はありません。人に巻き込まれやすく、抵抗できないところは今でもあると思いますが、そういう人や状況には近寄らないようにしています。自己肯定感は以前より強くなったと思っています。ただし、MSWとして再びチャレンジすることは全く考えられません。

第1章
病院で働くということ

タカハシさん

　タカハシさんは、現在、西日本の地方都市にある療養病院で働いています。阪神地方の福祉系大学で学び、大学では複数のサークルに加入し、ボランティア団体にも所属していました。そこでは病院での活動もしており、何となくMSWを志望していました。

　卒業時に介護福祉士は取得しましたが、社会福祉士試験には落ちてしまい、NPO法人が経営するグループホームにケアワーカーとして就職しました。翌年の国家試験には合格したので、グループホームで相談員として働くことになりました。3年ほど勤務した後、同じ法人が運営する地域包括支援センターに異動しました。地域の研修会ではMSWと一緒になる機会もありましたし、勤務時間外に飲みに行くほど親しく交流したMSWもいました。これらの経験は、法人経営者の考え方、外から見える病院の印象、介護施設と病院の連携などについて学ぶことができたので、今となっては良い勉強になったと思っています。

　その後、学生時代から交際していた現在の夫が郷里近くの市役所にJターン

就職することになり、これを機会に結婚し、5年勤めたNPO法人を退職しました。人口7万人ほどの小さな市ですが、近年、隣接町村と合併したこともあり、面積は県の中では3番目の広さです。さらにその周囲の郡部とともに豊かな自然に恵まれ、名所・旧跡も点在しています。人口は近隣と同様に減少傾向にあり、移住してきたタカハシさん夫婦は至る所で歓迎されました。公共交通機関は私鉄1路線とバスですが、本数は限られていますし、役所からの補助でかろうじて経営が成り立っていて、大人1人に1台の自家用車が必要な地域です。

市内には病院が3か所あります。医師会が運営する200床のケアミックス病院と、整形外科を中心とした150床の一般病院、そして300床の医療療養病院です。周辺の郡部には国保立の95床の一般病院と、生協立の150床のケアミックス病院があるだけです。MSWは医師会立に2名、医療療養に3名、生協立に1名在籍しています。車で2時間ほどの場所に三次救急の病院がありますが、"峠越え"をしなければなりません。非常に重篤な救急患者の搬送時にはドクターヘリが活用されます。

タカハシさんは、この市に来たとき、地域包括支援センターなどの高齢領域の福祉現場で仕事ができれば良いなと思っていました。職探しをした際、たまたま医療療養病院で求人が出ていて、もともとMSWを志望していたし、最近までの仕事の延長線上のような気もしたので応募し、採用されました。

MSWとしては新人でしたが、高齢領域の福祉現場で5年働いていましたので、医療療養病院での仕事が全く分からないようなことはありませんでした。特別養護老人ホームや老人保健施設に近しい雰囲気もあり、比較的早くなじめたように思います。MSWとして経験18年目と12年目の先輩が在籍していて、優しく業務を教えてくれました。県MSW協会の研修会や日本医療社会福祉協会の学会などにも参加するようになり、超急性期、急性期の病院のソーシャルワーク業務についても勉強することができました。学生時代の友人の何人かはそのような病院で働いていますので多少は院内の様子は知っていたつもりでしたが、初めて聞くことも少なからずあり、非常に刺激を受け、現在の職場との違いが気になるようになりました。

療養病院ですので病気の種類が限定されるのは当然ですが、相当の保険外負担が発生するため、ある程度、所得のある人かその家族でなければ入院が許可されず、経済的理由で入院をお断りするときにはソーシャルワーカーとして胸が痛むこともありました。また、病院のベッドを確実に埋めておくために、地域医療連携と称して、ベッドの空き状況や今後の予定を、近隣の病院だけでな

く、県内外の急性期病院にも伝え、ときには1日かけて遠くまで挨拶に出向くこともあり、しだいに自分のしていることに疑問を感じるようになりました。

　以前、勤めていたNPO法人の代表は「療養病院のMSWって、しょせん営業だろ」と言っていました。MSWの仕事の一つに地域の小・中学校に働きかけ、生徒たちをボランティアとして病院に来てもらう事業があり、当初はタカハシさん自身も楽しんでいましたが、病院の理事長が「これも宣伝の一環」と漏らしたのを聞くに及び、幻滅感が増していきました。

　タカハシさんはこの病院で3年働いたところで妊娠し、産休・育休を取得しました。そろそろ職場復帰の時期となりましたので、短時間勤務について確認しようと病院に出向きました。そこで、総務課から「時短を希望する人は、その間は非常勤扱いにすることが決まっている」と言われました。そのような不利益変更は聞いていませんでしたので、労働基準監督署に訴え出ようと考えるほど憤慨しました。実は給料も以前のNPO法人のほうが恵まれていました。

　しかし、現在の居住環境でMSWを続けようと思うのなら、現実的に転職できる求人はありません。高齢系サービスもケアワークならともかく、相談援助となると通勤できる範囲ではまず見つかりません。産休前、業務内容でモチベーションが下がっていたこともあり、この際、退職しようと夫と話し合っています。

第1章
病院で働くということ

2 病院という職場

▶▶ 1 場所・人

❶ 病院という場所

医療施設の種類

　MSW は、病院を中心とする医療機関で働いています。ここでは、医療機関とはどのような場所であり、MSW はどのような環境におかれているのかをみていきます。

　まず、医療法には病院とは「医師又は歯科医師が、公衆又は特定多数人のため医業又は歯科医業を行う場所であって、20 人以上の患者を入院させるための施設を有するもの」（第 1 条の 5 第 1 項）と規定されています。一方、診療所は「医師又は歯科医師が、公衆又は特定多数人のため医業又は歯科医業を行う場所であって、患者を入院させるための施設を有しないもの又は 19 人以下の患者を入院させるための施設を有するもの」（第 1 条の 5 第 2 項）と規定されています。

　医療施設の種類は**表1—1**のとおりです。2018 年現在で 8372 の病院があり、内訳は精神科病院 1058、結核療養所 0、療養病床を有する病院を含む一般病院 7314 となっています。一方、一般診療所は 10 万 2105 となっており、多数を占めます[1]。

　医療法に規定されるそれ以外の機関では、介護老人保健施設（第 1 条の 6）や助産所（第 2 条）がありますが、ここでは MSW のほとんどが所属する病院に焦点を当ててみていきます。

表 I―I：施設の種類別にみた施設数の年次推移

	20 年 ('08)	23 年 ('11)	26 年 ('14)	29 年 ('17)	30 年 ('18)
総数	I75 656	I76 308	I77 546	I78 492	I79 090
病院	8 794	8 605	8 493	8 412	8 372
精神科病院	I 079	I 076	I 067	I 059	I 058
結核療養所	I	I	―	―	―
一般病院	7 714	7 528	7 426	7 353	7 314
(再掲)地域医療支援病院	228	378	493	556	604
(再掲)老人病院	・	・	・	・	・
(再掲)療養病床を有する病院	4 067	3 920	3 848	3 781	3 736
(再掲)感染症病床を有する病院	326	332	347	365	366
一般診療所	99 083	99 547	I00 461	I0I 471	I02 I05
有床	II 500	9 934	8 355	7 202	6 934
(再掲)療養病床を有する一般診療所	I 728	I 385	I I25	902	847
無床	87 583	89 613	92 I06	94 269	95 I7I
歯科診療所	67 779	68 I56	68 592	68 609	68 613
有床	4I	38	32	24	2I
無床	67 738	68 II8	68 560	68 585	68 592

出典：厚生労働省「平成 30（2018）年医療施設（動態）調査・病院報告の概況」

第**1**章

病院で
働くと
いうこと

病床種別

　次に病床種別についてです。2018 年現在で、全国の病床総数は約 164 万床
であり、うち病院は約 155 万床を占めています。病床種別は 5 種類に分かれ、
それぞれに機能や必要な人員配置が異なっています（**表 I―2**）。

　1 つ目は精神病床で、精神疾患を有する者を入院させるための病床です（医
療法第 7 条第 2 項第 1 号）。

　2 つ目は感染症病床で、感染症の予防及び感染症の患者に対する医療に関す
る法律（感染症法）に規定する一類感染症、二類感染症、新型インフルエンザ
等感染症および指定感染症の患者並びに新感染症の所見がある者を入院させる
ための病床と規定されています（医療法第 7 条第 2 項第 2 号）。

　3 つ目は結核病床で、結核の患者を入院させるための病床とされています
（医療法第 7 条第 2 項第 3 号）。

　4 つ目は療養病床で、主として長期にわたり療養を必要とする患者を入院さ
せるための病床です（医療法第 7 条第 2 項第 4 号）。療養病床は、医療保険適
用の医療型療養病床（長期療養患者のうち密度の高い医学的管理・治療の必要
な人）と、介護保険適用の介護型療養病床（要介護認定を受けた長期療養患
者）に分かれます。そのうち、後者は廃止が決まっており、現在、経過措置の

15

表 1―2：病院の病床種別ごとの主な基準一覧

	一般病床	療養病床[注1)、2)]
定義	精神病床、結核病床、感染症病床、療養病床以外の病床	主として長期にわたり療養を必要とする患者を入院させるための病床
人員配置基準	医師　　　　　16：1 看護職員　　　 3：1 薬剤師　　　　70：1	医師　　　　　48：1 看護職員　　　 4：1 看護補助者　　 4：1 薬剤師　　　 150：1 理学療法士および作業療法士：病院の実情に応じた適当数
構造設備基準　必置施設	・各科専門の診察室 ・手術室 ・処置室 ・臨床検査施設 ・エックス線装置 ・調剤所 ・給食施設 ・分べん室および新生児の入浴施設 ・消毒施設 ・洗濯施設 ・消火用の機械または器具	一般病床において必要な施設のほか、 ・機能訓練室 ・談話室 ・食堂 ・浴室
構造設備基準　患者1人につき病床面積	6.4㎡/床以上 〈既設〉[注3)] 6.3㎡/床以上（1人部屋） 4.3㎡/床以上（その他）	一般病床（病院）と同じ〈既設〉[注3)] 6.0㎡/床以上
構造設備基準　廊下幅	1.8ｍ以上 （両側居室2.1ｍ） 既設： 1.2ｍ以上 （両側居室1.6ｍ）	1.8ｍ以上 （両側居室2.7ｍ） 既設： 1.2ｍ以上 （両側居室1.6ｍ）

資料　厚生労働省医政局総務課調べ

注1)　平成30年4月1日において①介護療養型医療施設、②4：1を満たさない医療機関に該当し、その員について6：1、看護補助者について6：1）と同等の基準を、介護老人保健施設等に転換する旨を都月末までに①介護療養型医療施設、②4：1を満たさない医療機関に該当する旨を都道府県知事に届事等に届け出たものについては、これまでの経過措置（看護職員について6：1、看護補助者について基準として、令和6年3月末まで適用する。

　2)　平成24年3月末までに介護老人保健施設等に転換する旨を都道府県知事に届け出た療養病床等を有については、これまでの経過措置（下記）と同等の基準を、都道府県が条例を定めるに当たって従う
　　①廊下幅を、内法による測定で1.2ｍ、両側に居室のある場合を1.6ｍとする。
　　②転換病床における入院患者数に応じた医師の配置を96：1とする。
　　③看護師および准看護師の配置を9：1、看護補助者の配置を9：2とする。

　3)　既設とは、平成13年3月1日時点ですでに開設の許可を受けている場合のことをいう。

出典：厚生労働統計協会『国民衛生の動向2019/2020』222頁，2019年

精神病床		感染症病床	結核病床
精神疾患を有する者を入院させるための病床		感染症法に規定する一類感染症、二類感染症および新感染症の患者を入院させるための病床	結核の患者を入院させるための病床
内科、外科、産婦人科、眼科および耳鼻咽喉科を有する 100 床以上の病院、並びに大学附属病院（特定機能病院を除く）	左以外の病院		
医師 16：1 看護職員 3：1 薬剤師 70：1	医師 48：1 看護職員 4：1 薬剤師 150：1 （ただし当分の間、看護職員 5：1、看護補助者を合わせて 4：1 とする）	医師 16：1 看護職員 3：1 薬剤師 70：1	医師 16：1 看護職員 4：1 薬剤師 70：1
一般病床において必要な施設のほか、 ・精神疾患の特性を踏まえた適切な医療の提供と患者の保護のために必要な施設		一般病床において必要な施設のほか、 ・他の部分へ流入しないような機械換気設備 ・感染予防のためのしゃ断、その他、必要な施設 ・一般病床の消毒施設のほかに必要な消毒施設	一般病床において必要な施設のほか、 ・他の部分へ流入しないような機械換気設備 ・感染予防のためのしゃ断、その他、必要な施設 ・一般病床の消毒施設のほかに必要な消毒施設
一般病床（病院）と同じ		一般病床（病院）と同じ	一般病床（病院）と同じ
1.8 m 以上 （両側居室 2.1 m） 既設： 1.2 m 以上 （両側居室 1.6 m）	1.8 m 以上 （両側居室 2.7 m） 既設： 1.2 m 以上 （両側居室 1.6 m）	1.8 m 以上 （両側居室 2.1 m） 既設： 1.2 m 以上 （両側居室 1.6 m）	1.8 m 以上 （両側居室 2.1 m） 既設： 1.2 m 以上 （両側居室 1.6 m）

第1章
病院で働くということ

旨を平成 30 年 6 月末までに再び都道府県知事等に届け出たものについては、これまでの経過措置（看護職
道府県が条例を定めるに当たって従うべき基準として、令和 6 年 3 月末まで適用する。なお、平成 24 年 6
け出た医療機関のうち、①介護療養型医療施設に該当し、その旨を平成 30 年 6 月末までに再び都道府県知
6：1）と同等の基準を、介護老人保健施設等に転換する旨を都道府県が条例を定めるに当たって従うべき

する医療機関のうち、平成 30 年 6 月末までに再び都道府県知事等に届け出た療養病床等を有する医療機関
べき基準として、令和 6 年 3 月末まで適用する。

表 I―3：医療機能の名称及び内容

医療機能の名称	医療機能の内容
高度急性期機能	急性期の患者に対し、状態の早期安定化に向けて、診療密度が特に高い医療を提供する機能
急性期機能	急性期の患者に対し、状態の早期安定化に向けて、医療を提供する機能
回復期機能	急性期を経過した患者への在宅復帰に向けた医療やリハビリテーションを提供する機能 特に、急性期を経過した脳血管疾患や大腿骨頚部骨折等の患者に対し、ADL の向上や在宅復帰を目的としたリハビリテーションを集中的に提供する機能（回復期リハビリテーション機能）
慢性期機能	長期にわたり療養が必要な患者を入院させる機能 長期にわたり療養が必要な重度の障害者（重度の難病患者を含む）、筋ジストロフィー患者又は難病患者等を入院させる機能

もと介護医療院への転換が進められています。

そして5つ目は一般病床で、精神病床、結核病床、感染症病床、療養病床以外の病床です（医療法第7条第2項第5号）。

現在、病院又は診療所の病床において提供する患者の病状に応じた医療の内容として、医療機能（高度急性期機能、急性期機能、回復期機能、慢性期機能）が定められており、病院等は当該病院等の有する医療機能に関する情報について、都道府県知事への報告が義務づけられています。報告を受けた都道府県はそれらの情報を住民・患者に対し分かりやすい形で提供し、住民・患者による病院等の適切な選択を支援することが目指されているのです（表 I―3）。

以上のようにそれぞれの場所や規模、診療科の種類によって、MSW の業務内容も異なってきます。そのため、自らの所属する組織の内実を理解し、そこではどのようなことが求められるのかを認識することが不可欠です。

❷ 病院で働くスタッフ

多様な国家資格集団

病院には多様な人々が働いています。そのほとんどが国家資格を持つプロフェッショナル集団です。全国の医療関係従事者数は表 I―4 のとおりです。

2017 年 10 月現在、病院で働く医療従事者は約 210 万人、そのうち医師は約 22 万人、看護職（保健師、助産師、看護師、准看護師）は合わせて 100 万人弱となります。それに比べ、社会福祉士と医療社会事業従事者を合わせた数は 2 万人弱となり、精神保健福祉士を合わせても 3 万人に満たない人数です。

このように、MSW は病院では圧倒的な少人数であり、唯一の社会福祉職であるため、いかにその存在意義を打ち出せるのかが重要になってきます。

表 I—4：職種別にみた施設の常勤換算従事者数

（単位：人）　　　　　　　　　　　　　　　　　　　　　　平成29（2017）年 10月 1 日現在

	病院				一般診療所	歯科診療所
	総数	精神科病院（再掲）	一般病院（再掲）	医育機関（再掲）		
総　　　　　数	2 090 967.5	167 147.3	1 923 820.2	212 837.1	708 306.8	325 046.5
医　　　　　師	217 567.4	9 086.1	208 481.3	48 526.4	135 605.7	202.2
常　　勤 1)	172 192	6 652	165 540	39 810	102 960	74
非　常　勤	45 375.4	2 434.1	42 941.3	8 716.4	32 645.7	128.2
歯　科　医　師	9 825.1	133.1	9 692.0	6 441.7	2 088.2	97 980.7
常　　勤 1)	7 705	65	7 640	5 027	1 297	84 729
非　常　勤	2 120.1	68.1	2 052.0	1 414.7	791.2	13 251.7
薬　　剤　　師	49 782.8	2 936.8	46 846.0	6 363.4	4 297.6	481.6
保　　健　　師	5 658.5	114.5	5 544.0	376.8	8 111.2	…
助　　産　　師	22 881.7	2.0	22 879.7	3 513.5	7 661.3	…
看　　護　　師	805 708.0	55 670.7	750 037.3	91 887.3	138 019.7	741.8
准　看　護　師	113 496.5	26 035.4	87 461.1	275.0	87 909.7	202.0
看護業務補助者	175 234.8	25 758.2	149 476.6	6 320.8	19 152.1	…
理学療法士（PT）	78 439.0	233.8	78 205.2	2 303.0	13 255.8	…
作業療法士（OT）	45 164.9	6 775.7	38 389.2	995.9	2 687.1	…
視　能　訓　練　士	4 320.5	12.0	4 308.5	870.7	4 568.6	…
言　語　聴　覚　士	15 781.0	59.2	15 721.8	607.5	858.2	…
義　肢　装　具　士	61.6	–	61.6	–	43.7	…
歯　科　衛　生　士	5 970.9	148.4	5 822.5	1 174.7	1 627.8	111 262.5
常　　勤 1)	…	…	…	…	…	82 495
非　常　勤	…	…	…	…	…	28 767.5
歯　科　技　工　士	661.9	5.3	656.6	321.0	189.1	9 880.5
常　　勤 1)	…	…	…	…	…	8 968
非　常　勤	…	…	…	…	…	912.5
歯科業務補助者	…	…	…	…	…	70 226.2
診療放射線技師	44 755.4	563.6	44 191.8	5 355.1	9 457.7	…
診療エックス線技師	105.5	5.9	99.6	–	1 103.0	…
臨　床　検　査　技　師	54 960.2	953.5	54 006.7	7 673.3	11 905.8	…
衛　生　検　査　技　師	76.5	0.2	76.3	17.4	350.7	…
臨　床　工　学　技　士	21 184.3	12.2	21 172.1	2 303.5	6 859.1	…
あん摩マッサージ指圧師	1 229.5	16.6	1 212.9	15.8	2 379.0	…
柔　道　整　復　師	486.4	2.0	484.4	–	3 617.5	…
管　理　栄　養　士	22 430.0	2 231.4	20 198.6	1 303.0	4 192.9	…
栄　　養　　士	4 717.3	836.5	3 880.8	182.0	1 694.6	…
精　神　保　健　福　祉　士	9 822.4	6 892.0	2 930.4	206.4	1 708.3	…
社　会　福　祉　士	12 966.6	67.0	12 899.6	542.1	1 323.8	…
介　護　福　祉　士	45 197.1	3 124.8	42 072.3	95.4	15 022.0	…
保　　育　　士	7 238.8	368.4	6 870.4	186.3	1 359.9	…
その他の技術員	18 916.6	2 365.3	16 551.3	1 909.5	6 972.6	…
医療社会事業従事者	4 774.5	257.4	4 517.1	346.2	1 137.8	…
事　務　職　員	218 004.0	11 618.1	206 385.9	18 853.0	173 292.2	26 931.3
その他の職員	73 547.8	10 861.2	62 686.6	3 870.4	39 854.1	7 137.7

注：1)　医師、歯科医師、歯科衛生士及び歯科技工士の「常勤」は実人員である。
　　2)　病院の従事者数は、従事者数不詳を除く。
出典：厚生労働省「平成29（2017）年医療施設（静態・動態）調査・病院報告の概況」

第1章

病院で
働くと
いうこと

病院内外で医療ソーシャルワーカーが置かれている状況

　ここで、MSW が置かれている状況を把握するために、戦後数十年間の医療の変化を概観してみましょう。第二次世界大戦後、急性期疾患から慢性期疾患の増加、難治性疾患の出現へと疾病構造が変化すると同時に、インフォームド・コンセント、セカンドオピニオン、介護保険導入を契機とした契約概念の登場により、国民の医療への権利意識が高まりました。また、地域包括ケアの推進のもと、在院日数の短縮と病院の機能分化、連携体制の構築が進められています。これらの背景には、数度にわたる医療法の改正があります。

　このようななかで働く MSW は、2006 年の診療報酬に社会福祉士が位置づけられたことを皮切りに、業務内容が次々に診療報酬に組み込まれるようになりました。それ以前には「不採算部門」と揶揄されていましたが、すでにその言葉は使われなくなっています。

　さらに、MSW には新たな役割が課せられるようになりました。最たるものは退院支援です。看護師とともに、あるいは協力しながら効果的な退院支援を行い、在院日数の短縮化と機能分化に資する役割です。また、昨今の単身高齢者の増加等に伴う支援業務や、苦情対応窓口のような新たなニーズに基づく業務も増えています。さらに、電子カルテの導入への対応、病院内外への意見表明の機会の増加、各種委員会への参加等、以前よりも MSW に課せられる業務内容は質量ともに増加し、複雑化してきました。

　それらの流れのなかで、この 10 年で多くの MSW が雇用されました。厚生労働省の「医療施設（動態）調査・病院報告」によると、2006 年 10 月 1 日現在の社会福祉士と医療社会事業従事者の人数の合計は 1 万 2183 人であり、2017 年 10 月 1 日現在では 2 万 200 人となっています[2]。

　そうなると、新人の育成が課題となってきます。少数職場のなかで MSW が存在意義を発揮するためには、新人 MSW が早く即戦力として育ち、相談室として一定の質を担保することが求められます。先輩 MSW には、ストレス管理を行い、離職に至らないように育成することが課せられているのです。とはいえ、MSW を取り巻く情勢の変化に追いつけず、病院内での体制整備が十分に行えていない実状も散見されます。これらは一病院にとどまらず、専門職団体の課題ともいえるでしょう。一病院での体制整備の推進とあいまって、専門職団体のバックアップ体制の強化が求められているのです。

■引用文献
1）厚生労働省「平成 30（2018）年医療施設（動態）調査・病院報告の概況」https://www.mhlw.go.jp/toukei/saikin/hw/iryosd/18/（2020.3.1 閲覧）
2）厚生労働省「平成 29 年（2017）医療施設（静態・動態）調査・病院報告の概況」https://www.mhlw.go.jp/toukei/saikin/hw/iryosd/17/（2020.3.1 閲覧）

2 制度

❶医療保険

日本の医療保障制度

　日本の医療は国民皆保険制度の下、一定の負担を行えば医療サービスを受けることができます。病気やケガをしたときに、保険証1枚あれば一定の負担を支払うだけで診療所や病院を受診することができるのです。国民は日本国内であれば、安心して医療を受けることができるため、医療保険制度に対する信頼感は高いといえます。そのため多くの国民は国民皆保険制度を維持してほしいと望んでいます。この国民皆保険制度により、病気やケガをしたときに早期受診ができるので、重症化することを防ぐことにもなります。

　医療保険の具体的な内容としては、病気やケガをしたとき、診療所等を受診した際に一定の金額を支払う「療養の給付」があります。一定の負担額は年齢によって違い、出生から義務教育就学前までは2割負担[2]、義務教育就学後から70歳未満は3割負担、70歳以上75歳未満は2割負担（現役並み所得者は3割負担）、75歳以上は1割負担[3]（現役並み所得者は3割負担）になります。

　そのほかにも、入院時の食費については、食事は治療の一環として「入院時食事療養費」が、65歳以上の者が療養病床等に入院した際の食費・居住費については、「入院時生活療養費」がそれぞれ保険給付されます。また、医療サービスを受けた際の自己負担が一定の額を超えた場合にその分が戻ってくる「高額療養費」、介護保険と医療保険での自己負担分を1年間合算した金額が一定の額を超えた分戻ってくる「高額介護合算療養費」もあります。

　現金が支払われる保険給付として、病気等により就労が困難になったときや産前産後の休暇を取得したとき、その間無給になった際の所得保障としての「傷病手当金」「出産手当金」がそれぞれあります。また、慶弔一時金として、出産・死亡した際に現金が給付される「出産育児一時金」「埋葬料・埋葬費」もあります。病気やケガへの医療サービスだけではなく、自己負担が高額にならないように上限額以上の払い戻しや、出産や就労が困難になった際の所得保障なども、医療保険の対象になるのです。

第1章　病院で働くということ

2　市町村によっては中学生や高校生までを対象にして医療費助成を行い、2割負担、3割負担よりも自己負担が少ないところもあります。

3　2022（令和4）年度より一定以上の所得がある人は2割負担になる予定です。

医療費の状況

　医療保険は、私たちが生活していくなかで欠かすことのできないものになっています。そのため国民のなかで医療保険は当たり前のように浸透しているといっても過言ではないでしょう。これほど身近な医療保険ですが、近年は国民皆保険制度の堅持が課題に挙がっています。日本は近年医療費が増加傾向にあり、財政の面から国民皆保険制度を堅持していくことが喫緊の課題になっているのです。

　医療費の状況はどのようになっているのでしょうか。医療費を見ていくうえでは、国民医療費が指標になります。国民医療費とは「当該年度内の医療機関等における保険診療の対象となり得る傷病の治療に要した費用を推計したもの」になります。2017（平成29）年の国民医療費は43兆710億円となっています。**表1－5**(国民医療費の推移)を見て分かるように、国民医療費総額と国民1人当たり国民医療費は近年急激に増額しています。1955（昭和30）年度と2017(平成29)年を比較すると、およそ60年で180倍ほど増額しています。

　国民医療費が近年増加傾向にある理由として、医療の高度化と高齢者の増加が挙げられます。医療の高度化は、国民医療費の増加に直結します。医療技術が進んでいき、それを医療保険制度でカバーしていくことになると、その分の医療費がかかるようになります。また、それにより今までは治療が不可能だった疾病が治療可能になっていきます。私たちのなかには医療技術の進歩、そしてそれを医療保険でカバーすることを望む人が多いでしょう。しかし、そのことによって国民医療費が増加していくことにもなるのです。

　高齢者の増加の影響については、人口1人当たりの国民医療費は2017（平成29）年において65歳未満で18万7000円、65歳以上で73万8300円になっています。日本は2018（平成30）年10月1日現在65歳以上の人口が3558万人、高齢化率は28.1％、75歳以上の人口は1798万人で後期高齢化率

表1－5：国民医療費の推移

	国民医療費総額 （億円）	人口1人当たり国民医療費 （千円）
1955（昭和30）年度	2,388	2.7
1965（昭和40）年度	11,224	11.4
1975（昭和50）年度	64,779	57.9
1985（昭和60）年度	160,159	132.3
1995（平成 7 ）年度	269,577	214.7
2005（平成17）年度	331,289	259.3
2017（平成29）年度	430,710	339.9

資料：厚生労働省「国民医療費」

が14.2%となっています。2025（令和7）年には、65歳以上の人口が3677万人、高齢化率は30%になると予測されています。高齢者、後期高齢者が増加することで、国民医療費は今後も増加していくことが予想されるのです。

医療を地域・在宅で

　国民皆保険制度の堅持の課題に対して、平均在院日数を短縮し、「地域完結型医療」への移行が行われています。これまで日本の医療は一つの医療機関で長期的な入院・外来での治療が行われていました。しかし、病院での入院が長期化するほど、医療費も増加していきます。そのため一つの医療機関で長期的に入院して治療を行う「病院完結型医療」ではなく、病院での治療が落ち着けば、在宅医療等に移行し継続的な療養ができるような「地域完結型医療」が求められるようになっているのです。平均在院日数が短縮されることで医療費を削減し、国民皆保険制度を堅持していこうという政策がとられているのです。

　国民医療費の削減を考えるうえで、もう一つ考えないといけないのは、看取りをどこで行うか、ということです。現在日本では2018（平成30）年1年間に亡くなった方の人数は136万2470人となっています。今後の死亡者数は、2025（令和7）年152万2000人、2030（令和12）年160万3000人、2035（令和17）年165万9000人と増加していくことが予測されています（**図1－1**）。死亡者数が増加するなかで、死をどこで迎えるかについて、喫緊の課題になっています。現状では病院で死亡する人が7割近くを占めている状況です。今後、死亡者数がさらに増加していくことが予測されているなかで、引き続き病院で亡くなる人の割合を維持していくためには病床を増やす政策が必要にな

第1章
病院で
働くと
いうこと

図1－1：出生数・死亡数の推移・将来推計

万人

（縦軸目盛り：200／150／100／50／0）

横軸：2018年　2025年　2030年　2035年

凡例：■ 出生数　□ 死亡数

資料：内閣府「令和元年版高齢社会白書」をもとに作成

ります。しかし病床を増やすことは国民医療費を増加することにつながり、国民皆保険制度の堅持を行うことができなくなります。そのため死亡時の場所を病院ではなく、在宅や施設等を増加させる政策がとられているのです。

地域包括ケアシステム

　高齢者数の増加、死亡者数の増加により、国民皆保険制度の堅持だけでなく、地域包括ケアシステムの構築も求められています。団塊の世代が75歳以上を迎える2025（令和7）年は、後期高齢者だけでなく、認知症高齢者や65歳以上世帯の一人暮らしの人が増加すると予測されています。これらの人たちが住み慣れた地域で生活できるようにすることが課題になっているのです。

　地域包括ケアシステムとは、地域における医療及び介護の総合的な確保の促進に関する法律（医療介護総合確保推進法）第2条において「この法律において、「地域包括ケアシステム」とは、地域の実情に応じて、高齢者が、可能な限り、住み慣れた地域でその有する能力に応じ自立した日常生活を営むことができるよう、医療、介護、介護予防（要介護状態若しくは要支援状態となることの予防又は要介護状態若しくは要支援状態の軽減若しくは悪化の防止をいう。）、住まい及び自立した日常生活の支援が包括的に確保される体制をいう」と定義されています。たとえ重度の状態になっても、住み慣れた地域で生活し続けていくために、医療、介護、予防、住まい等を一体的に提供できる体制を整備していったのです。これにより医療だけでなく、介護保険制度や介護報酬においても地域包括ケアシステムの構築に向けて改定・改正が繰り返されていきました。

　国民皆保険制度の堅持、地域包括ケアシステムの構築を実現していくためには、医療保険制度等の改正を行えば済む、というものではありません。医療保険制度改正のほかに、診療報酬改定においても、国民皆保険制度の堅持、地域包括ケアシステムの構築の方向性が出されているのです。

❷診療報酬

診療報酬改定にみる動き

　診療報酬とは簡単にいえば医療サービスの値段になります。日本の場合、医療サービスの値段は、医療提供者と患者側で自由に設定できないことになっています。診療報酬は中央社会保険医療協議会（中医協）に諮問され、厚生労働大臣が決定します。そのため、いわゆる医療の公定料金表ということもできます。全国一律1点10円として計算され、医療保険の保険給付が行われるので

す。

　この診療報酬は2年に1回改定されることになっています。改定のたびに日本の医療保険制度の方向性が反映されることから、政策誘導の意味合いもあるといわれています。先にも述べたように、日本の医療は国民皆保険制度の堅持、地域包括ケアシステムの構築が大きな課題になっています。近年の改定においては、この2つを実現していくための内容になっているともいえます。

　2016（平成28）年度診療報酬改定では、重点課題として「地域包括ケアシステムの推進と医療機能の分化・強化、連携に関する視点」を挙げ、基本的視点として、「効率化・適正化を通じて制度の持続可能性を高める視点」としています。

　2018（平成30）年度改定では、重点課題として「地域包括ケアシステムの構築と医療機能の分化・強化、連携の推進」を、基本方針として「制度の安定性・持続可能性の確保と医療・介護現場の新たな働き方の推進」を挙げています。国民皆保険制度の堅持・地域包括ケアシステムの構築の方向性が明確になっているのです。

　具体的な内容として、2016（平成28）年度改定では、医療機能に応じた入院医療の評価や、退院支援による在宅復帰の促進等が行われました。退院支援による在宅復帰の促進では、「退院支援加算1」が新設され、一般病床、療養病床ともに診療報酬がこれまでの点数よりも大幅に増加されました。退院支援を行う看護師か社会福祉士が退院支援を行う際に、在宅支援を担う居宅介護支援事業所の介護支援専門員等と連携を行うことも評価されました。

　2018（平成30）年度改定では、医療機能や患者の状態に応じた評価を行い、医療機能の分化、連携の促進や外来医療の機能分化等が行われました。医療機能の分化では一般病床、地域包括ケア病床、療養病床それぞれの入院患者の状態像をより明確にしていくことが求められ、また「入退院支援加算」を新設し、退院だけでなく入院時の連携がスムーズに行われることを評価し、在宅医療と病院との連携を図っていくことになったのです。

MSW の診療報酬上の位置づけ

　診療報酬においても国民皆保険制度を堅持していくため医療機関の機能分化、そして在宅医療や介護も含めた連携を進めていく方向性が示されています。1つの医療機関で完結するのではなく、地域にあるさまざまな医療機関等で継続的に医療を行っていく「地域完結型医療」の方向性を診療報酬改定でも行っているのです。このことからも診療報酬が日本の医療政策の一端になって

いることが分かると思います。

　診療報酬改定はMSWにも大きな影響を与えています。2006年度診療報酬改定において、「ウイルス疾患指導料」の施設基準として、「社会福祉士」が位置づけられました。同年改定では、「回復期リハビリテーション病棟入院料」「退院時リハビリテーション指導料」等においても「社会福祉士」が表記されました。以降、診療報酬改定のたびに「社会福祉士」「精神保健福祉士」が表記されることが増えていきました。

　診療報酬に位置づけられたことで「医療ソーシャルワーカー」ではなく、「社会福祉士」「精神保健福祉士」として雇用されるようになってきています。そうなると当然、医療機関が期待する「社会福祉士」「精神保健福祉士」の業務は、診療報酬上で位置づけられたことが中心になっていきます。現在では社会福祉士・精神保健福祉士が診療報酬上に位置づけられているものとして、退院支援、地域移行等が中心になっています。そのため社会福祉士・精神保健福祉士は所属する医療機関からその役割を果たしていくことが求められるようになります。

　国民皆保険制度の堅持等、医療政策の一環である診療報酬改定が、「社会福祉士」としての雇用を促進したとともに、これまでMSWとして行ってきた業務よりも、診療報酬上での退院支援が中心業務となる等の変化につながっていったのです。

■参考文献
・厚生労働省「国民医療費結果の概要　平成29年度」https://www.mhlw.go.jp/toukei/saikin/hw/kiryohi/17/dl/kekka.pdf.（2020.3.1閲覧）
・内閣府「令和元年度版高齢社会白書」
・厚生労働省「平成30年（2018）人口動態統計の年間推計」
・厚生労働省「平成28年度診療報酬改定の基本方針」
・厚生労働省「平成30年度診療報酬改定の基本方針」

3 患者、家族

個人情報の独り歩き

　オオツカさん（50歳）は会社の健康診断で胃の病変を指摘され、精密検査を受けた結果、胃がんと診断されました。早期でしたので、内視鏡による手術で1週間程度の入院、転移はない、とのことでした。とはいえ、「がん」と言われたショックと、初めての入院で、予後、仕事、家族などのことを思うと平常心ではいられませんでした。

　医師から入院の手続きをするように言われ、「入退院センター」へ行きました。入り口には「PFM⁴」とも掲示されていました。そこでは看護師から、入院前の情報収集として生活歴や家族歴などを、チェックシートを埋めるかのように尋ねられました。治療に必要といわれれば仕方ないのですが、求められる情報と治療がどう関係するかが分からず、なぜ他人に明かすことのないプライバシーをこと細かに話さなければいけないのか、納得できない気持ちになっていきました。最後に何か聞きたいことはあるかと尋ねられたので、「仕事上接待などの外食が多く、退院後どのように対処したらいいか不安です」と伝えましたが、「それは主治医に確認してください」と聞き流され、徒労感だけが残りました。

　入院時に何種類もの書類にサインを求められ、それぞれ説明されましたが、正直なところほとんど耳に入ってきませんでした。手術は成功し、予定どおりに退院できたことには感謝しましたが、自宅に戻ってから入院中の書類を見直してみると、「退院支援計画書⁵」に「手術後の療養生活の安定に向けた支援」という記載があり、退院支援部門という聞き覚えのない部署の担当者のサインもありました。しかし、不安に思っていた職場復帰については相談する機会もなく、「この書類の『支援』はなんだったんだろう？」と違和感を覚えました。

＊　　　　　　＊　　　　　　＊

　入院期間の適正化、退院援助の本格化が病院の主要なテーマになって以来、上記のような光景はふつうに見られるようになりました。個人の生活歴、家族歴などの情報が、早期退院というサービス提供者側の必要性に基づき電子カル

第1章

病院で働くということ

4　Patient Flow Management。病床稼働率向上、業務負荷軽減など収益性改善のため、入退院の流れを効率的、合理的に行う入退院管理システム。1999年、東海大学医学部付属病院で開発されたと言われている。

5　病院は医療法の定めにより「入院診療計画書」を交付し説明する責務があるが、診療報酬の「入退院支援加算」を算定する際には、入院後早期に住み慣れた地域に退院して療養を継続できるための「退院支援計画」を立案して実施することが要件づけられている。

テ上に登載そして公開され、当人のあずかり知らないうちに収集、選別、活用されています。オオツカさんの場合は、早期に退院が決定したため、本人の実感とは裏腹に支援終了とされています。反面、個別事情により退院が先延ばしになるような場合は、その支障を解消するために多職種によるさまざまな取組みがなされ、ときに支援が本人の気持ちを離れて独り歩きしている実態も否めなくなっています。連携の名のもとに個人情報の慎重な取り扱いが軽視され、「患者のための連携」が絵空事のようです。

迫られる自己決定

　イトウさん（40歳）は、職場で脳出血を起こし、救命救急センターに運ばれました。もともと高血圧ではありませんが、その日は朝から「いつもとは違った頭痛がする」と部下には言っていました。発症部位と出血が広範囲であったことなどから、救急医は悲観的な見通しを予想していました。駆けつけた両親は、すぐに受診していればと悔やみました。イトウさんは若くして商社の一部門の課長に就任し、半年前から新規事業を任せられていて、ここしばらくは無理が続いていました。脳外科による緊急手術の結果、生命は助かりましたが、いわゆる植物状態になると告げられました。

　イトウさんはICUからHCU⁶を経て一般病棟に移りました。病状は一進一退で、そのつど、両親は医師や看護師から治療計画を説明され、どれを選択するかと問われました。両親に判断できる内容ではありませんでしたが、どうするかと迫ってくるので、医師らが最も勧めていると思われるものに同意しました。また、毎日病院に来て、懸命に声かけをし、身体を擦り続ける両親のもとに、退院支援看護師やソーシャルワーカーと名乗る人が現れ、今後の療養先や退院後の生活について一緒に考えるなどと申し出ました。生命自体が予断を許さない状況で、発症前と生活基盤が激変し、息子の会社での身分の見通しがたたず、あらゆる喪失感のなかにいるときに、この人たちがどういうつもりで何を言っているのか、両親には全く理解できませんでした。

　入院から一月ほど経った日、医師が「病状が安定してきたので、リハビリ中心の病院に転院してもらいます」と言いました。続いて、同席したソーシャルワーカーが、早速、近隣のリハビリ病院を紹介し、いずれ利用するからと言って、障害福祉サービスや介護保険の説明を始めました。両親は治ってほしい一心でしたので、提示された選択肢の意味が分からず、選んだらどうなるのか、先が見えない思いになりました。即答できず、数日、躊躇していると、医師、

6　High Care Unit、高度治療室。ICU（Intensive Care Unit、集中治療室）と一般病棟との中間的治療環境。

看護師、ソーシャルワーカーに取り囲まれ、早く次の行き先を決めるように求められました。自分たちが何か悪いことでもしたかのようです。心細く、孤立感を覚えましたが、誰もその心情には寄り添ってくれませんでした。

＊　　　　　＊　　　　　＊

　現在の医療制度は、傷病発症により今までの生活が一変し、病状・見通し・生活などへの不安があるなかで、短期間のうちに医療の素人である患者・家族に、治療方針、手術方法、退院・転院、将来の方向性などを、「自己決定」するように次々と求めてきます。患者は病院から病院へ、病院から診療所へ、そして地域へと、「留まることなく流れる」ことが期待されています。しかし、キューブラー・ロスが指摘したように、患者・家族の心情は決して「シームレス」ではありません。多くの市民は、この状況に自分たちが置かれていることに気づくのは深刻な病気を得てからのことです。

お金のこと

　ワタナベさん（72歳）は、突然、めまいと、右側の手足のしびれで動けなくなり、地元の救急病院に搬送されました。医師は脳梗塞と診断し、入院することになりました。ワタナベさんはやや高血圧傾向でしたが、長年、家の近くにある診療所に定期受診し、これ以外、特に体調面の問題はありませんでした。市の歩け歩け大会や、老人会のパーリングゴルフに腰痛もちの夫を家に残し一人で参加していたほどでした。

　娘が二人いますが、それぞれ県外で小さな子どものいる家庭をもっています。夫婦はともに老齢基礎年金を受給しており、これと若干の蓄えで暮らしています。余裕があるとはいえないものの、持ち家ですし、庭で野菜をつくっていますので、特に生活に困るとは思っていませんでした。

　ワタナベさんは、意識は戻ってきたものの重度の麻痺が残り、嚥下や排痰もできないために経管栄養と気管切開を余儀なくされました。夫はできる限りのリハビリを続けさせたいと希望しましたが、回復期リハビリテーション病棟のある病院には医療処置を理由にすべて断られてしまい、主治医からは、現状を前提に、今後の生活をソーシャルワーカーと考えるよう告げられました。自宅退院も考えましたが、高齢の夫に医療的ケアを含む介護は期待できませんし、娘たちの世話になることも現実的ではありません。

　実は、夫は入院当初から医療費が気になっていました。高額療養費の限度額でよいとはいえ、食事療養費も加えた支払いは年金だけで暮らしている者には決して少ない額ではありませんでした。夫が見舞いに来る交通費も高額です。

ソーシャルワーカーは療養病床を紹介しましたが、これでは居住費を支払わなければなりませんし、一部ではさらに保険外負担も発生します。同室の生活保護を受給されている人は有料老人ホームに移れることになったと言っていましたが、夫婦には高嶺の花でした。年若いソーシャルワーカーは支払える金額に応じた選択肢をドライに提示します。しだいに今までの人生が無意味であるような気持ちになっていきました。

＊　　　　＊　　　　＊

　70歳以上の高齢者の医療保険・介護保険の負担割合や高額療養費の限度額などが所得に応じて増え、入院中の食事の標準負担額も引き上げになり、年金生活者が病気になると一気に生活苦に陥ることが目立つようになりました。老齢基礎年金受給者と生活保護受給者との逆転現象も顕著になりました。

　高齢者だけではありません。抗がん剤等の高額治療が外来に移行し高額療養費の自己負担限度額を超える治療が長期にわたったり、先進医療のようにお金を支払えれば選択できる治療が増えてきたりと、治療選択が複雑化するなかで、新たな経済的課題が治療場面に影を落とすようになっています。

■参考文献
・E・キューブラー・ロス，鈴木晶訳『死ぬ瞬間——死とその過程について』読売新聞社，1998年

第2章

医療ソーシャルワーカーのストレス

1 職場と離退職の関係

▶▶ [1] 離退職の背景

❶ ストレスとは何か（定義）

　MSW歴35年のヤマモトさんは、昨年春、同居の父親に腎臓がんが見つかりました。90歳と高齢ではあるものの、特に大病することなく過ごしていましたので全くの想定外で、非常に驚き、戸惑いました。しかも、主治医からは「全身状態から手術は勧められない。このままでは、余命、数か月から半年だろう」と言われてしまいました。症状コントロール目的的の短期入院を2回行った後、主に母親の意向により最期は自宅で迎えることにしました。最初の告知から3か月目、看取りのための在宅ケア体制を整え、父親が退院してきた日の夜、ヤマモトさんのほぼ全身に発疹が現れました。MSWとして数多くの修羅場を経験してきましたし、覚悟を決めての受入れだったはずですが、ヤマモトさんの身体は、父親との残り少ない日々の営みと最終的に間違いなく起こる事態に対して、意識を超えて反応したのでした。

＊　　　　　＊　　　　　＊

　このような人の生活上で起こる衝撃的な出来事に対する心身の反応が「ストレス」です。日常的には不快な事柄を指して呼称していますが、2014年6月に労働安全衛生法が改正され、一定の労働環境下では2015年12月からストレスチェックが義務化されましたので、より馴染み深いものとなりました。元々は外部から圧力をかけられ、物が変形する物理的な現象を意味し、この圧力のことを「ストレッサー」、変形する現象を「ストレス反応」といいます。

　四苦八苦、一切皆苦などが暗示するように、人の生活には至るところにストレッサーになりうる出来事があります。仕事、家庭、公私の区別もありませ

ん。誰にとっても苦痛・不快に感じることだけでなく、マリッジブルー、マタニティブルー、昇進うつ、引越うつなどと、一般的にはおめでたいと思われることでもストレッサーになりえます。地震、集中豪雨のような自然由来や、PM2.5やプラスチックごみのような環境由来のストレッサー候補もありますが、私たちが、通常、認識しているストレスは、人間関係や仕事・学業上の問題などの心理・社会的要因、収入・費用負担などの経済的要因です。

これらはMSW業務の主要なターゲットと一致するのですが、MSWとしてのキャリアに当てはめれば、エリク・エリクソン（Erikson, E. H.）がライフサイクルでの発達課題を示したように、年代によってストレスの素は異なることに気づかされます。学卒直後の新米MSWは緊張感を伴った人間関係や、自分がこの仕事に向いているのかにとらわれがちですし、中堅MSWは私生活での変化への対応とともに仕事の質と量の向上が求められ、ベテランMSWは身体的衰えと管理業務に頭を悩ませることになります。

私たちはストレス状況に置かれると、やる気をなくす、イライラする、落ち込む、心配でたまらなくなるなどと精神的に不安定になって、湿疹が出たり、肩が凝る、お腹が痛い、ドキドキする、眠れないなどと身体的にもいつもとは違った状態になったりします。挙げ句には、仕事上の何でもない間違いを犯し、浴びるようにお酒を飲んで憂さを晴らすようなこともあるでしょう。このようなストレス反応は日常生活の一部であり、誰もが経験し得ることです。

第2章
医療
ソーシャル
ワーカー
のストレス

平成30年「労働安全衛生調査」によれば、仕事や職業生活に関して強いストレスを感じると答えた労働者は58.0％もいて、ストレス要因としては、男女差があるものの、全体的には「仕事の質・量」「仕事の失敗、責任の発生等」「対人関係（セクハラ・パワハラを含む）」を特に挙げています。さらに、20歳代から50歳代まではほとんど同じ割合でストレスを感じており、職業人である限りストレスは付き物と認識せざるを得ません。

ストレス反応は非常事態で心身の危機を感じたときの、人として当然の行為です。明日が苦手教科の試験日なのに、いかにももっともらしい理由で部屋の掃除を始めた。パートナーにふられた途端、なぜかTOEICの受験勉強に取り組む。長年の親友と壮絶な喧嘩別れをしたら、いざというときに名前を思い出せない。上司から強烈に叱責されてから、幼なじみの家に入り浸るようになった。国家試験に落ちたのは今年の問題が特に難しかったからだと触れ回っている。このような「防衛機制」で私たちは心のバランスを保とうとします。

また、私たちは興奮して身震いすることがあります。虐待が疑われる患者さんの処遇について、加害側の家族と対峙しなければならないときなどは気を引

き締めて面談室に向かいます。人はコルチゾールやアドレナリンなどの副腎皮質ホルモンが分泌されると、自律神経が刺激され、血管が狭まり、心拍や血圧が上昇するといわれています。脳内の偏桃体はストレスを察知すると、視床下部を経て副腎に指令を出し、コルチゾールなどを分泌させます。これらのストレスホルモンは、難局に対処するため、意識するまでもなく、人の体を戦闘モードにします。

❷調査から見えたストレス

　前述のようにストレス反応は人の生活の一部なのですが、これが過剰となり、長期的に慢性化すると、本格的な病気へ移行することも懸念されます。日本心身医学会が指摘するストレス関連疾患には狭心症、心筋梗塞、潰瘍性大腸炎、糖尿病、慢性関節リウマチなどと、医療法で医療連携体制を組むべきとして取り上げられた疾患や指定難病までも挙げられています。特に心臓や脳が深刻なダメージを受け、精神的にもバーンアウトすれば、仕事を続けられない原因になりかねません。長時間労働・睡眠不足などの結果、自殺された広告代理店の新人社員のことは記憶に新しいところです。

　過重な仕事により発症した脳・心臓疾患を原因とする死亡や、業務における強い心理的負荷による精神障害を原因とする死亡、およびこれらの疾患のことを、過労死等防止対策推進法は「過労死等」と規定しています。厚生労働省が令和元年に発表した「過労死等の労災補償状況」によれば、脳・心臓疾患による請求件数が877件、精神障害に関する請求件数は238件で、いずれも前年度を上回っていました。このような事態を引き起こさないためには、職場環境の改善とともに、ストレス反応の上手な活用方法が求められます。

　私たちは、2015年、特に経験年数の少ないMSWの離職が話題に上ることを契機として、「MSWが置かれている状況の厳しさ」を想定しつつ、2県のMSW協会の会員を対象とした『業務継続・業務中断』に関する調査を実施しました。これから分かったことは、MSWの仕事が標準化できないほど多種多様であり、患者支援のための社会資源は思うようにならず、周囲の期待と実際の状況がかけ離れていてジレンマを覚えるというものでした。そして、多くのMSWはこのような状況での業務遂行を困難であると感じていました。

　病院は、医師法で絶対的権威が認められている医師とその診療を補助することを業務としている看護師を中心に、多くの専門職によって構成され、24時間365日稼働しています。文字どおり命がけで戦っている患者・家族を、為政者の意向で随時変更される社会保障制度を活用しながら支援するがゆえに、

MSW にとって一筋縄ではいかない環境です。

　MSW 業務の対象となる人の生活は、標準的に 80 年から 90 年もの長きにわたり、その間には想定外の人との別れや、自分一人では立ち向かうことのできない出来事、トラウマが残るほどの残虐な事件などに遭遇することがあります。課題を負った人が何とか解決したいと思っても、手助けとなるものが必ずしも地域にあるわけでもなく、仮にあったとしても当人が確実に使いこなせるとは限りません。

　少子高齢社会が現在ほど進展すると、身近な家族や知人の存在は不確かになり、その関係性もすべてが順調であると期待できるものでもありません。人は環境から大いに影響を受けますが、一方、環境を変えていくほどの影響力を行使することもあります。どのような環境であっても対処し、適応していく能力が患者・家族と MSW 自身にあることを私たちは信じていますが、だからこそ、MSW が実践する業務は虎穴に入ることも辞さないような覚悟を必要としているのかもしれません。

■参考文献
・NHK スペシャル取材班『キラーストレス——心と体をどう守るか』NHK 出版，2016 年
・日本心身医学会教育研修委員会「心身医学の新しい診療指針」『心身医学』第 31 巻第 7 号，537-576 頁，1991 年
・E・H・エリクソン・J・M・エリクソン，村瀬孝雄・近藤邦夫訳『ライフサイクル、その完結（増補版）』みすず書房，2001 年

第2章
医療
ソーシャル
ワーカー
のストレス

2 ソーシャルワーカー業務の困難性への影響要因

❶ MSW という資格

　MSW を志す人は、一般科では社会福祉士、精神科では精神保健福祉士を採用条件とする医療機関が一般的であるため、まずは、これらの国家資格取得を目指します。しかし、1987 年に社会福祉士及び介護福祉士法（以下、社会福祉士法）が成立した際には、多くの MSW は精神科領域も含めて社会福祉士に統合されることを希望していましたが、医療機関での実践は実務経験と見なされず、MSW は国家試験受験資格の経過措置の対象から外されました。

　1997 年に精神保健福祉士法が成立し、1998 年にようやく社会福祉士の実務経験施設に医療機関が加えられ、2006 年にはついに社会福祉士の実習指定施設としても列記されました。そして、2007 年の社会福祉士法改正で、「相談業務」の定義に「福祉サービスを提供する者又は医師その他の保健医療サービスを提供する者その他の関係者との連絡及び調整」が加えられ、2009 年度の社会福祉士養成カリキュラム改定で『保健医療サービス』が必修の指定科目となりました。社会福祉士は MSW の基礎資格になり得ないと、20 世紀には各所で揶揄されましたが、日本医療社会事業協会（現・公益社団法人日本医療社会福祉協会）の長年の運動の成果がこの改革に結実しました。

　当初の希望が苦節 20 年でかなったという歓迎すべき状況に至ったのですが、実は MSW の新卒者採用を計画しても、応募者がいない、少なくなったという声を聞く機会が増えました。また、現任者、特に経験年数の少ない者が比較的短期間で退職してしまうという話題もよく耳にするようになりました。一方、厚生労働省が発表する「医療施設（静態・動態）調査・病院報告」の病院での社会福祉士・精神保健福祉士・医療社会事業従事者の年次推移を見る限り、3 職種の単純合計は有資格者の伸展や診療報酬項目への登載とともに増加しています。

　退職自体は職業人の選択の一つとして誰にでも起こり得ます。しかし、バーンアウトなど自らの意志に反して退職に至ったとすれば重大な問題ですし、「MSW が置かれている状況の厳しさ」がうかがえるようにも思えます。このような事態の背景には何があるのか、私たちはこれを明らかにしたいと考えるようになりました。

❷退職要因を探る
質問紙の作成

　MSWを取り巻く状況に関しては、ソーシャルワーカーのストレスやバーンアウトに関する研究、MSWが業務上でさまざまな課題に直面している報告、業務の大変さがMSWの業務中断や離職につながるという指摘があります。しかし、業務を困難にしている要因について、MSW個人の基本属性、業務そのものの特性、所属組織との関連などから統計的に解明しようとする研究はほとんど見当たりません。ただし、退職要因を探るために行った質問紙調査で回答を得たMSW 608人からは、組織への愛着などコミットメントが強いと離職意図をもちにくいことが分かりました[1]。

　他の職域を見ると、介護領域では組織体制が離職意向や「介護観」に影響を与えているとか、看護領域では組織風土がスタッフのバーンアウトや離職などに影響を与えているとの報告がありました。MSWも含めた病院職員の、組織の管理姿勢と職務満足との関連性を検証した調査もあります[2]。ただし、仕事を困難にする影響要因を割り出そうとする研究は、私たちが調べた限り、やはり見つけることはできませんでした。そこで私たちはMSWが業務を困難と感じていることと、それに影響を与えている要因を統計的に明らかにしようと計画しました。

第2章
医療
ソーシャル
ワーカー
のストレス

　私たちは、まず、MSWがどのような業務を困難と考えているかを調べるため、先行研究を参考とし、現任者の意見に私たちの現役時代の経験を加味して検討し、17項目の「MSW業務の困難性尺度」を作成しました。これを現任者に回答してもらい、記述統計[1]、探索的因子分析[2]、確証的因子分析[3]により尺度の妥当性[4]・信頼性[5]を検証したうえで、MSW業務の困難性を特定しようと考えました。

　次いで、MSWが自らの業務にどのような職務特性があると考えているかを明らかにする「MSW業務の職務特性尺度」と、MSWが所属する組織にどのような特徴があるのかを明らかにする「MSWの所属組織体制尺度」を作成しました。両尺度とも「新職業性ストレス簡易調査票（標準版）」[3]を参考に私たちで検討し、職務特性は16項目、組織体制は21項目の尺度となりました。これらを困難性尺度と同様の手順で妥当性・信頼性を検証し、それぞれの特徴を明らかにします。

1　収集したデータの平均・標準偏差などによりデータの特性を明らかにする。
2　収集したデータ間に相関関係をもたらす要因（因子）を推定する。
3　収集したデータ間の相関関係が仮定した要因の構造と一致するかを検証する。
4　明らかにしたい特性を的確に検査できている。
5　誰が検査しても同じ結果が得られる。

表 2—1：アンケート調査

対象者の基本属性	7問	性別、年齢、経験・所属年数、勤務形態、役職の有無、所有資格、直属上司の職種
業務特性関連	3問	現在の業務状況（MSW業務の職務特性尺度）、対象者のMSWとしての実践能力、対象者が感じているMSW業務の困難性（MSW業務の困難性尺度）
所属病院・部署の実態	7問	病床種別、部署の構成員、部署・病院の状況（MSWの所属組織体制尺度）、院内でのMSW業務の研修実態、院内でのMSW業務研修への参加頻度、院外でのMSW研修への参加頻度、院外でのMSW業務研修への参加条件
業務継続意向や離職・業務中断関連	4問	業務継続意向、業務中断意向、業務中断を留保した理由、業務中断経験、中断経験者のみの追加設問として業務中断理由
業務継続に関して相談する人・頼りになる人	1問	
人生に対する考え方（SOC3項目スケール）	1問	

　さらに、「MSW業務の困難性尺度」に対して「MSW業務の職務特性尺度」と「MSWの所属組織体制尺度」がどのように影響しているかを確認するため共分散構造分析を行いました。そして、これによって得られた結果に回答者の基本属性別のデータを当てはめ、回答者全体の傾向を検証します。以上の分析結果を踏まえて、MSW業務の困難性への影響要因について総合的に考察します。

　このような計画に基づいて、私たちは、首都圏のA県と首都圏以外のB県のMSW協会で、2015年2月現在、医療機関（病院・診療所・老人保健施設）に勤務している会員701名を対象に、同年2月から3月にかけて、質問紙による無記名で自記式の郵送アンケート調査を実施しました。回収率56.6％でした。調査項目23問は**表2—1**のとおりです。

基本属性

　表2—2は3つの尺度の全項目に回答され、解析対象となった357人の基本属性です。その概要は、女性が7割、30歳代が約半数、圧倒的に常勤で、勤務経験年数に偏りはなく、3分の2は役職に就いていませんでした。また、9割が社会福祉士有資格者であり、MSWの基礎資格として定着しています。上司の役職は半数がMSWですが、半数は他職種であり、業務への理解という点では懸念を残す結果でした。総じて、勤務形態や病床種別に偏りが生じてい

6　データ間や要因との関係性を矢印などにより可視化した線形モデルにより、関係性の大きさや強さを検証する。

表 2—2：調査対象者の基本属性

(N＝357)

		人数	割合（%）
性別	男性	101	28.3
	女性	256	71.7
年齢	20〜24 歳	24	6.7
	25〜29 歳	79	22.1
	30〜34 歳	83	23.2
	35〜39 歳	80	22.4
	40〜44 歳	54	15.1
	45〜49 歳	14	3.9
	50〜54 歳	13	3.6
	55〜59 歳	8	2.2
	60〜64 歳	2	0.6
勤務形態	常勤	349	97.8
	非常勤	8	2.2
MSW の経験年数 （無回答＝16）	4 年未満	105	30.8
	4 年以上 7 年未満	70	20.5
	7 年以上 12 年未満	82	24.0
	12 年以上	84	24.6
役職 （無回答＝2）	役職なし	240	67.2
	主任	56	15.7
	係長	18	5.0
	課長	29	8.1
	部長	2	0.6
	その他	10	2.8
取得資格 （無回答＝12）	社会福祉士	304	88.1
	精神保健福祉士	68	19.7
	介護福祉士	40	11.6
	介護支援専門員	116	33.6
	看護師	4	1.2
直属の上司の職種 （無回答＝12）	MSW	162	47.0
	事務職員	93	27.0
	医師	43	12.5
	看護師	39	11.3
	その他	8	2.3
病床種別 （無回答＝4）	一般病床（急性期）	208	58.9
	一般病床（亜急性期）	51	14.4
	療養病床	87	24.4
	精神病床	16	4.5
	感染症病床	3	0.8
	結核病床	2	0.6
	診療所	11	3.1
	老人保健施設	44	12.3
	回復リハビリテーション病棟	93	26.3
	その他	10	2.8

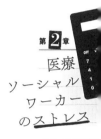

第2章
医療
ソーシャル
ワーカー
のストレス

ますが、その他については特異な偏りは見られませんでした。

業務の困難性

　まず、私たちはアンケートの中から作成した３つの尺度が統計的に適正であるか、それぞれを象徴する特徴は何であるかの検証を試みました。

　表2─3は記述統計で妥当性を確認した17項目の「MSW業務の困難性尺度」と得られた結果です。私たちが想定した困難と思われる業務内容について、５件法で「強く感じる」から「全く感じない」の間で回答してもらいました。

　これらの項目に探索的因子分析を実施した結果、MSW業務の困難性を示す３因子を析出できました。各因子のクロンバック α[7]を算出し、統計学的な許容水準をおおむね満たしていることを確認しました。そこで、構成された項目の特徴から、私たちは因子1を「多様で標準化困難な業務」、因子2を「社会資源の限界」、因子3を「要望と現実の業務ジレンマ」としました。

　さらに、これら３因子について確証的因子分析を行いました。適合度指標

表2─3：MSW業務の困難性尺度　記述統計 　　　　　　　　　　　　　　(N = 357)

No	MSW 業務の困難性	最小値	最大値	平均値	標準偏差(SD)	天井効果(平均+SD)	フロア効果(平均−SD)
1	援助の選択肢が多様にあるとき	1	5	3.24	1.078	4.32	2.17
2	患者・家族の価値観が自分と異なるとき	1	5	3.62	1.134	4.76	2.49
3	援助が想定通りに展開しないとき	1	5	3.88	1.001	4.88	2.88
4	業務が標準化しにくいとき	1	5	3.64	0.997	4.64	2.65
5	援助の終わりが見えにくいとき	1	5	3.85	1.023	4.87	2.82
6	理論を実践に反映するとき	1	5	3.59	0.921	4.52	2.67
7	地域活動に関わるとき	1	5	3.27	0.942	4.21	2.32
8	援助が課題解決に寄与しないとき	1	5	3.79	0.952	4.74	2.84
9	自らの感情をコントロールするとき	1	5	3.34	1.157	4.50	2.19
10	臨機応変な対応が求められるとき	1	5	3.38	1.161	4.54	2.22
11	責任のある業務を任せられたとき	1	5	3.70	1.035	4.73	2.66
12	組織の方針が自らの判断と一致しないとき	1	5	4.05	0.876	4.93	3.17
13	他部署から一方的な役割期待があるとき	1	5	4.02	0.924	4.95	3.10
14	業務終了までに時間的制約があるとき	1	5	3.90	1.013	4.91	2.88
15	社会資源が援助に役立たないとき	1	5	3.91	0.947	4.86	2.96
16	医療保険・社会保障制度の制約があるとき	1	5	4.11	0.858	4.96	3.25
17	社会資源が不足しているとき	1	5	4.10	0.846	4.95	3.25

回答カテゴリー：1＝全く感じない、2＝あまり感じない、3＝どちらでもない、4＝少し感じる、5＝強く感じる

7　質問項目が目的とする特性を測定できているか（内的整合性）を表す係数。0から1までで算出され、1に近いほど信頼性が高いとされる。

の CFI、GFI、RMSEA[8] は統計学的な許容水準をおおむね満たす結果になりました。以上から、「MSW 業務の困難性尺度」の適正さと、業務の困難性を表す特徴を 3 因子で明らかにすることができました。

職務特性と組織体制

　職務特性尺度と組織体制尺度も困難性尺度と同じ手順を踏み、それぞれの尺度の適正さと特徴を確認しました。

　表 2—4 は 16 項目の「MSW 業務の職務特性尺度」と得られた結果です。私たちが想定した職務の特性を、4 件法で「そうだ」から「違う」の間で判断してもらいました。引き続きの解析で私たちは 4 因子を析出し、因子 1 を「ワーク・エンゲイジメント」、因子 2 を「負担・困難性」、因子 3 を「重要・有意性」、因子 4 を「自由裁量権」としました。

表 2—4：MSW 業務の職務特性尺度　記述統計　　　　　　　　（N＝357）

No	MSW 業務の職務特性	最小値	最大値	平均値	標準偏差(SD)	天井効果(平均+SD)	フロア効果(平均-SD)
1	非常にたくさんの業務をしなければならない	1	4	1.70	0.690	2.39	1.01
2	時間内に業務が処理しきれない	1	4	1.93	0.901	2.64	1.03
3	かなり注意を集中する必要がある	1	4	1.64	0.619	2.26	1.02
4	高度な知識や技術が必要な難しい業務だ	1	4	1.89	0.674	2.56	1.21
5	いつも業務のことを考えていなければならない	1	4	2.20	0.821	3.03	1.38
6	自分の業務は MSW 業務指針に示される内容（※）以外の業務が多い	1	4	2.73	0.889	3.61	1.84
7	自分のペースで業務ができる	1	4	2.59	0.754	3.34	1.83
8	自分で業務の順番・やり方を決めることができる	1	4	3.02	0.683	3.70	2.33
9	部署の業務方針に自分の意見を反映できる	1	4	2.83	0.756	3.58	2.07
10	働きがいのある業務だ	1	4	3.24	0.680	3.92	2.56
11	自分の業務は意味のあるものだ	1	4	3.41	0.571	3.98	2.84
12	自分の業務は重要だと思う	1	4	3.34	0.639	3.98	2.76
13	自分の業務に満足している	1	4	2.67	0.751	3.42	1.92
14	業務をしていると、活力がみなぎるように感じる	1	4	2.41	0.822	3.23	1.59
15	自分の業務に誇りを感じる	1	4	3.00	0.737	3.74	2.26
16	業務の内容は自分にあっている	1	4	2.85	0.712	3.56	2.13

回答カテゴリー：1 ＝そうだ、2 ＝まあそうだ、3 ＝やや違う、4 ＝違う
※　療養中の心理的・社会的問題の解決、調整、退院援助、社会復帰援助、受診・受療援助、経済的援助、地域活動

8　いずれも、確証的因子分析で仮定したモデルがデータの結果を適切に反映しているかを示す適合度指標。適合に関する考え方の違いから、通常、複数の指標で適切さを証明する。CFI と GFI は 1 に近いほど適合が良く 0.9 を超えることが望ましいとされ、RMSEA は 0 に近いほど適合が良く 0.05 を下回ることが望ましいとされる。

表2—5は21項目の「MSWの所属組織の体制尺度」と得られた結果です。私たちが想定した組織体制の特徴について、4件法で「そうだ」から「違う」の間で選択していただきました。解析の結果、4因子を析出し、因子1を「職員を尊重する組織運営」、因子2を「上司の配慮・誠実さ」、因子3を「業務環境の良し悪し」、因子4を「他者からの適切評価」としました。

なお、これらの尺度は解析の際に、ポジティブな結果の点数を高く示す反転処理などを行いました。

表2—5：MSW の所属組織の体制尺度　記述統計　　　　　　　　（N = 357）

No	MSW の所属組織の体制	最小値	最大値	平均値	標準偏差(SD)	天井効果(平均+SD)	フロア効果(平均−SD)
1	失敗しても挽回するチャンスがある部署だ	1	4	3.22	0.627	3.85	2.60
2	私の部署と他の部署とはうまが合わない	1	4	3.19	0.694	3.89	2.50
3	私の部署の業務環境はよくない（※1）	1	4	2.85	0.986	3.83	1.86
4	部署で好ましくない変化を経験している。もしくは今後そういう状況が起こりうる（※2）	1	4	2.71	1.007	3.72	1.71
5	上司は、部下が能力をのばす機会を持てるように取り計らってくれる	1	4	2.95	0.864	3.81	2.08
6	上司は誠実な態度で対応してくれる	1	4	3.09	0.866	3.96	2.22
7	私は上司からふさわしい評価を受けている	1	4	2.93	0.723	3.65	2.20
8	私は自分以外の MSW から、ふさわしい評価を受けている	1	4	2.92	0.642	3.57	2.28
9	私は他職種から、ふさわしい評価を受けている	1	4	2.80	0.595	3.39	2.20
10	職場の雰囲気は友好的である	1	4	3.17	0.816	3.98	2.35
11	職場ではお互いに理解し認め合っている	1	4	3.06	0.758	3.82	2.30
12	職場内で意見のくい違いがある	1	4	2.38	0.786	3.16	1.59
13	病院は職員からの提案を真剣に取り扱ってくれる	1	4	2.48	0.763	3.24	1.72
14	部署や業務で変化があるときには、病院は職員の意見を聞いてくれる	1	4	2.47	0.770	3.24	1.70
15	部署や業務の変化がある場合、病院から事前に説明がある	1	4	2.44	0.821	3.26	1.62
16	一人ひとりを大事にしてくれる病院だ	1	4	2.55	0.776	3.33	1.77
17	病院は多職種を対象とした内部研修を開催してくれる	1	4	3.17	0.781	3.95	2.39
18	自分の業務に見合う給料やボーナスをもらっている	1	4	2.52	0.853	3.37	1.66
19	自分の能力や経験に見合った地位・職務に就いている	1	4	2.90	0.735	3.63	2.16
20	昇進の見込みは少ない	1	4	2.27	0.856	3.13	1.42
21	職を失う恐れがある	1	4	3.18	0.761	3.94	2.42

回答カテゴリー：1＝違う、2＝やや違う、3＝まあそうだ、4＝そうだ（No.2-4、20-21は選択肢反転項目）
※1　面談、相談業務に適した環境ではない、騒音で電話がやりにくい、備品や設備の不足など
※2　部署の統合・廃止、予算削減、部屋の縮小・併合など

業務の困難性への影響要因

　前述の3つの尺度を用いて、MSW業務の困難性には何が影響を与えているのかを共分散構造分析で検証しました。図2—1が最も適合度指標の高かったモデルです。片方向きの矢印（→）は因果関係を意味しており、矢印の出発点が原因で到達点は結果です。矢印線上には項目間の影響の強さを示す「パス係数」が－1から＋1の範囲で記されています。標準解はすべての変数の分散（データの散らばり度合い）を1に基準化した際の値で、比較する条件を整えることでパス係数の数値の特異性を評価するときに用います。数値の右肩にあるアスタリスク（＊）は1つで有意水準5％、2つでは有意水準1％、3つは有意水準0.5％で有意差（p）が認められたことを表しています。なお、ζ（ギリシア文字のゼータ）は分析外からの影響を意味する誤差を示しています。

　これによると、「職員を尊重する組織運営」「上司の配慮・誠実さ」「業務環境の良し悪し」「他者からの適切評価」がMSW業務の困難性を下げると考えられました。そして、MSW業務の「負担・困難性」の認識が高いほどMSW業務の困難性が上がり、MSW業務について「自由裁量権」があると認識するほどMSW業務の困難性が下がると考えられることも判明しました。

図2—1：MSW業務の困難性への影響要因　共分散構造分析　（N＝375）［標準解］

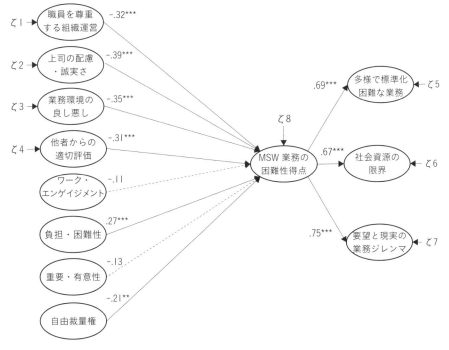

CFI ＝ .962, GFI ＝ .934, AGFI ＝ .947, RMSEA ＝ .082
*** ＝ p<0.001, ** ＝ p<0.01, * ＝ p<0.05

　回答者の基本属性について、統計的に業務の困難性への影響要因と見なせるのは経験年数だけでした。私たちは経験年数を以下の4区分に類型化しました。

①4年未満

　「職員を尊重する組織運営」「上司の配慮・誠実さ」「業務環境の良し悪し」「他者からの適切評価」の値が高いほど業務の困難性は下がりました。また、「ワーク・エンゲイジメント」は値が高いほど特に困難性が下がり、「負担・困難性」の値は高いほど困難性は上がり、「自由裁量権」の値が高いほど困難性は下がることが分かりました。

②4年以上7年未満

　「職員を尊重する組織運営」「上司の配慮・誠実さ」「業務環境の良し悪し」「他者からの適切評価」の値が高いほど業務の困難性は下がり、回答者全体に比べ著しい偏りがみられました。また、「負担・困難性」の値が高いほど業務の困難性は顕著に上がり、「ワーク・エンゲイジメント」「自由裁量権」の値は高いほど業務の困難性は下がっていました。

③7年以上12年未満

　「職員を尊重する組織運営」「上司の配慮・誠実さ」が回答者全体の傾向よりも低いけれど、値が高いほど業務の困難性は下がり、「業務環境の良し悪し」「他者からの適切評価」は回答者全体の傾向より顕著に値が高く、業務の困難性は下がっていました。「自由裁量権」の値が高いほど業務の困難性は下がり、「負担・困難性」の値が高いほど業務の困難性は上がっていました。

④12年以上

　「職員を尊重する組織運営」「上司の配慮・誠実さ」「業務環境の良し悪し」が、回答者全体の傾向よりもかなり低く、値が高いほど業務の困難性は下がっていました。「自由裁量権」は回答者全体の傾向よりも高く、値が高いほど業務の困難性は下がり、「負担・困難性」は値が高いほど業務の困難性は上がっていました。

❸ MSW業務の困難性

　私たちは統計的手続きを経て、MSW業務の困難性に「多様で標準化困難な業務」「社会資源の限界」「要望と現実の業務ジレンマ」という3要素があることを見出しました。この3要素をMSWの日常と照らし合わせてみます。

MSW は、日ごろ支援する患者や家族の病気、家族関係、生活歴などが同様であっても、どのようなアプローチを選択するのか、その結果がどのようなものになるのかが必ずしも一致しないことを知っています。クライエントの生活や人生は独自の環境や経過をたどり、特異な人間関係のなかにあるからこそ、個性的でその人らしさを発揮します。ですから、過去の類似ケースは貴重な参考ですし、実践例が豊富で人生や社会についての勉強を蓄積している MSW のアセスメントは短時間で適切ですが、結論を一方的に決めつけるようなことは決してしません。一人ひとりが違うとの認識が MSW 業務の胆です。

新たな情報の追加で、それまでの判断が根底から覆されることもあります。状況は流動的で相対的ですから、上司からの指示内容が朝令暮改となることは全く不思議ではありません。MSW の仕事はそういう性質のものだと分かってはいます。しかし、これが日常であり、いつまでも続くとあらためて認識すれば、正直なところ、気が重くなることもあります。

近年、国家試験に合格し、MSW になった人は、介護保険や障害者総合支援法、日常生活自立支援事業や成年後見制度などを活用して患者サービスに努めています。しかし、これらは前段となる仕組みがあっても、すべて 21 世紀になってから登場してきたものです。私が業界デビューした 1982 年は、老人保健法がこれから始まるという状況で、介護保険など影も形もなく、身体障害と知的障害の福祉法はあっても精神障害領域は精神衛生法という強制入院の手続法ともいえる法律があるだけでした。事業型社協なども始まっていませんし、後見関連では「禁治産」という差別的な表現が用いられていた時代でした。

第2章
医療
ソーシャル
ワーカー
のストレス

諸制度が整っている現代の MSW をうらやましく感じますが、それでも公的な社会資源がいまだ十分ではなかったり、地域格差があったり、サービスは存在するのに使えない事情があったりという実態は散見されます。クライエント支援に際して「こんな社会資源があれば…」と嘆くことも珍しくありません。しかし、身近な人間関係であるヒューマン・ネットワークを計画的に再形成してソーシャル・サポート・ネットワークを構築するなど、なければないなりに何とかするのがソーシャルワーカーです。とはいえ、「…たら」「…れば」は禁句と肝に銘じることを自虐的と感じてしまう人にはつらいだけの話になってしまいます。

今ならば平均在院日数 10 日前後の急性期一般病棟に、何人もの患者が年単位で入院しているという事実はにわかには信じられませんが、老人保健法施行前では珍しくありませんでした。しかも入院理由は病状ではなく、純然たる社会的入院でした。老人福祉法の医療費無料化政策によってもたらされた現象で

すが、「医療費亡国論」後の諸政策はこののどかな風景を一新させ、急性期病院の MSW は長期入院高齢者の退院援助業務に従事することが求められました。

　結果として、当時の MSW は患者・家族から「追い出し屋」といわれるに至りました。MSW は丁寧に事情を説明し、納得してもらえるまで時間をかけて話し合いましたが、患者側からすれば、ずっと入院していられると思った病院から退院を迫られるわけですから、言葉に悪意が込められたとしても止むを得ないところです。これは近年の退院支援関連ではなく、1980 年代の話です。

　その後、効率的な医療の展開と社会的入院の是正を旗印に、病床区分や病院機能類型化などの医療法改定、180 日超入院基本料の特定療養費化などの診療報酬改定、DPC（包括医療費支払い制度）の導入などが実施され、入院期間はどんどん短くなっていきました。国の制度が変更されるのですから、病院としてはそれに従わざるを得ないのですが、患者・家族は事情を承知しておらず、退院という本来はおめでたいことに関して不満をいうこともありました。患者側の希望と病院の方針が異なり、その間で MSW が難渋し、何とか折り合いをつけ、患者・家族が納得し得る目標を設定できたときの安堵感は格別なものがあります。そして、このような制度にかかるズレは入院期間だけではありません。MSW の業務にジレンマはつきものとの覚悟が求められます。

業務の困難性を増加・軽減させる要因

　MSW 業務を困難と感じさせる要因として、私たちの調査では職務特性の「負担・困難性」が挙げられました。一般急性期系の病院の MSW は入院患者の 2 割程度に介入するとのデータがありました。300 床で平均在院日数 12 日の病院が常時満床とすれば、1 月（30 日）に 750 名の入院患者がいることになります。MSW が 5 名と仮定すると、相談室では月に 150 名にかかわり、MSW 1 名の担当は 30 名です。これに外来患者や救急患者が加わりますが、当然、患者への直接的なサービス以外の院内外業務もあります。地域連携パスや入退院支援加算に従事している MSW はもっと多くの患者とかかわっているでしょうし、リハビリ・療養病院ではほとんどの入院患者に介入しています。同時進行の担当患者のテーマ、入院してからの時期、付帯条件は各々異なりますので、確実に切り替えないと混乱します。

　時間的制限や多職種連携のなか、文字どおり命がけの患者の生活や人生を個別に検討していくという MSW 業務は、幅広い知識と着実な技術が求められます。患者の入院期間中に MSW が何回、何時間かけて面談するかを計れば、

ベテランほど回数・時間とも少なく、経験年数の少ない、または実践力の伴わない者ほど多くなりますので、負担感を覚えたとしても不思議ではありません。

　一方、業務の困難性を軽減する要素として、「自由裁量権」と、所属組織体制の「職員を尊重する組織運営」「上司の配慮・誠実さ」「業務環境の良し悪し」「他者からの適切評価」が関連していました。どんなに困難な仕事であっても、「どんなに時間がかかっても、どんなやり方でもいいから、君に任せた」などと、担当する本人のやり方やペースが尊重されるのであれば、負担感は減り、やる気は増すものです。さらに、上司が日常的に「調子はどう？」などと気にかけていることを言葉と態度で示し、相談したいと申し出れば予定を変更してでも都合をつけてくれ、同僚も「困ったことがあったら、いつでも言って」と声をかけ、他部署のスタッフまで「最近、がんばっているね」と励ますような職場であれば、難儀な業務と直面していても、安心して、積極的に苦闘していけることでしょう。

経験年数別にみる業務の困難性

　MSW の経験年数が業務の困難性に影響を与えていることも判明しました。ただし、経験年数は「MSW 業務に従事した年数」であり、「MSW としての実践能力」ではありません。実践能力については別途検証が必要です。

　「4年未満」の経験が浅い MSW は、経験がある MSW に比べて、上司の態度や組織運営のあり方が業務を困難と感じさせることに強い影響を及ぼしていると回答していました。経験が浅い MSW の負荷を下げるためには、上司による丁寧なスーパービジョンや民主的な組織運営などが効果的であるようにうかがえました。

　ソーシャルワーカーとして勤務する3年間の学習課題は「専門職の職業とは何かを理解するとともに、ソーシャルワーカーとしての業務内容に焦点が当てられ、自分の業務内容を全体的に大まかに知り、理解すること」[4]との指摘は、組織的で計画的な MSW 育成計画に通じるものがあります。

　また、回答者全体の分析では統計学的に有意ではなかった「ワーク・エンゲイジメント」が、「4年未満」と「4年以上7年未満」の困難性軽減に影響を及ぼしていました。「MSW 業務に誇りをもち、業務にエネルギーを注ぎ、業務から活力を得る」とのワーク・エンゲイジメントの趣旨を反映する育成計画作成が、新人の早期退職を防ぐ意味からも、上司・組織にとって重要課題になります。

「4年未満」と「4年以上7年未満」は、業務に負担感を覚え困難だとの認識が他の経験年数種別よりも業務の困難性に影響を及ぼしていました。ようやく仕事を覚え、業務の全体像を認識できるようになり、かえって要望と現実の業務のジレンマと直面する機会が増えたからだと考えられます。

　「7年以上12年未満」は他者からきちんと評価されていることが他の経験年数よりも業務の困難性への認識に影響していて、この時期だけの特徴です。MSWのキャリアで考えれば、他職種・他機関と連携しながら、最前線でバリバリに働いている頃ともいえます。それを維持するモチベーションが、業務の評価を上司以外からも十分に受けられることにあると分かりました。

　「12年以上」は自分で仕事の内容や量を決められることが、他の経験年数種別よりも業務を困難と認識することを軽減しています。この時期は役職の有無はともかく、部門のリーダー的立場で組織体制を整備する可能性が高いので、業務を自分の判断で采配できることが何よりも意味をもつものと考えられます。

　なお、職員間の調和やチーム力にかかわる「業務環境の良し悪し」については、経験年数にかかわらず因果係数は高く算出されました。ふつうに考えて当たり前のことですが、気持ちよく働ける環境が業務の困難性を下げ、ソーシャルワーク実践の質を高めることに繋がります。

※　大口達也・杉山明伸・保正友子・楢木博之「医療ソーシャルワーカー業務の困難性への影響要因に関する研究」『立教大学コミュニティ福祉学部紀要』第18号，1-25頁，2016年に基づき執筆しました。

■引用文献
1) 山口麻衣・山口生史・高山恵理子・小原眞知子・高瀬幸子「医療ソーシャルワーカーの組織コミットメントと離職意図との関連」『社会福祉学』55(2)，1-10頁，2014年
2) 恩田光子・山門和明「病院における職務満足とその影響因子――組織管理姿勢に着目した分析」『医療マネジメント学会雑誌』6(3)，531-537頁，2005年
3) 川上憲人・原谷隆史・小田切優子他「厚生労働省厚生労働科学研究費補助金　労働安全衛生総合研究事業　労働者のメンタルヘルス不調の第一次予防の浸透手法に関する調査研究　平成23年度総括・分担研究報告書　主任研究者　川上憲人」266-366頁，2012年
4) 岩田泰夫「ソーシャルワーカーになっていくための過程と課題――大学におけるソーシャルワーカーの教育と課題を中心にして」『桃山学院大学総合研究所紀要』22(1)，27-48頁，1996年

何が原因で MSW 業務を 辞めたくなるのか

❶離職意向を探る研究方法

　ここでは、実際に MSW が業務を辞めたくなる背景には、どのような原因があるのかを探っていきます。

　まず、私たちは MSW が離職する背景には何らかの要因があると考えました。これまで行われてきたソーシャルワーカーを対象とした離職に関する研究[1]〜[3] からは、個人に関する要因と環境に関する要因があることが分かりました。それらを図にしたものが**図2—2**です。

　それぞれの要因が相互作用し、背景要因となり離職意向に作用しているというものです。しかしながら、それ以上の詳しい要因は明らかではありませんでした。

　そこで、多くの MSW の離職意向を探ることにより、その背景要因を明らかにする調査に取り組むことにしました。本来ならば、すでに離職した元MSW を対象とするのが妥当なのですが、多人数調査ではそのような人たちに接近すること自体が難しいのが現状です。そのため、現在、MSW として働いている人たちを対象にし、どのようなときに仕事を辞めたくなるのかという「離職意向」を問うことにしました。

　2県の医療ソーシャルワーカー協会会員 701 人に郵送により質問紙調査を行い、返送されてきた 397 通（56.6%）のうち、欠損値のない 314 通の回答を分析しました（**表2—6**）。

第**2**章
医療
ソーシャル
ワーカー
のストレス

図2—2：医療ソーシャルワーカーの離職を規定する概念枠組み

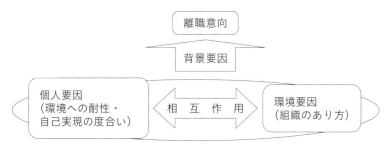

表 2—6：分析対象者の属性

(n=314)

		人数	割合（%）
性別	男性	88	28.0
	女性	226	72.0
年齢 （無回答＝1）	20〜24 歳	23	7.3
	25〜29 歳	76	24.3
	30〜34 歳	70	22.4
	35〜39 歳	67	21.4
	40〜44 歳	49	15.7
	45〜49 歳	11	3.5
	50〜54 歳	11	3.5
	55〜59 歳	6	1.9
勤務形態	常勤	308	98.1
	非常勤	6	1.9
MSW の経験年数	4 年未満	101	32.2
	4 年以上 7 年未満	68	21.7
	7 年以上 12 年未満	72	22.9
	12 年以上	73	23.2
役職 （無回答＝3）	役職なし	212	68.2
	主任	48	15.4
	係長	18	5.8
	課長	23	7.4
	部長	1	0.3
	その他	9	2.9
取得資格 （無回答＝9）	社会福祉士	279	91.5
	精神保健福祉士	65	21.3
	介護福祉士	35	11.5
	介護支援専門員	96	31.5
	看護師	4	1.3
	その他の医療資格	4	1.3
	その他の資格	39	12.8
直属の上司の職種 （無回答＝12）	MSW	141	46.7
	事務職員	86	28.5
	医師	38	12.6
	看護師	33	10.9
	その他	4	1.3
病床種別 （無回答＝2）	一般病床（急性期）	191	61.2
	一般病床（亜急性期）	47	15.1
	回復期リハビリテーション病床	83	26.6
	療養病床	75	24.0
	精神病床	14	4.5
	感染症病床	3	1.0
	結核病床	2	0.6
	診療所	7	2.2
	老人保健施設	32	10.3
	その他	11	3.5

❷ 回答者の属性

314人の内訳は、男性が88人（28.0%）、女性が226人（72.0%）で約3対7の割合でした。年齢は25歳以上34歳未満が146人（46.5%）と全体の半数を占めており、比較的若い層が多くなりました。常勤職は308人（98.1%）とほとんどを占め、比較的若い人が多いためか役職についていない人が212人（68.2%）と約7割いました。

また、診療報酬に位置づけられた影響で社会福祉士資格取得者が279人（91.5%）と約9割を占めていました。介護支援専門員資格取得者は96人（31.5%）、精神保健福祉士資格取得者は65人（21.3%）でした。

また、直属の上司で最も多かったのはMSWの141人（46.7%）で、次いで事務職員が86人（28.5%）、医師が38人（12.6%）、看護師が33人（10.9%）という結果でした。病床種別は複数回答ですが、最も多かったのは一般病床（急性期）の191人（61.2%）、次いで回復期リハビリテーション病床の83人（26.6%）、療養病床の75人（24.0%）でした。

❸ MSWの離職意向の背景にある項目

次に、鄭・山崎の研究[4]を参考にしながら、離職意向を測るMSWの離職意向尺度を作成しました。それは、4項目「今の病院でのMSW業務が嫌になり、真剣に新しい就職先の情報を集めたことがあるかどうか」「もうやっていられないと思うほど、今の病院を辞めようと思ったことがあるかどうか」「条件さえあえば、今すぐにでも今の病院を辞めようと思ったことがあるかどうか」「離職や転職について、真剣に親しい友人や家族に相談したことがあるかどうか」から成り立つものです。

次に、これらの離職意向尺度の背景にはどのような要因が存在するのかを分析したところ、**図2−3**の結果となりました。MSW離職意向尺度に向かって伸びている矢印が、離職意向の背景にある要因項目です。この図からは5つの項目が見出され、それらは大きく2つの系列に分かれていました。1つは、上司の配慮・誠実さ→職員を尊重する組織運営／部署環境の良し悪し→ワーク・エンゲイジメントです。もう1つは、多様で標準化困難な業務です。つまり、「上司の配慮・誠実さ」「部署環境の良し悪し」「職員を尊重する組織運営」「ワーク・エンゲイジメント」が低ければ離職意向が高まり、「多様で標準化困難な業務」の意識が高ければ離職意向が高まることを意味しています。

以下、それぞれの内容についてみていきます。

第2章
医療
ソーシャル
ワーカー
のストレス

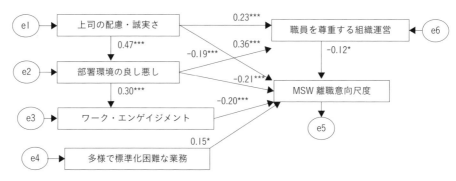

図2—3：MSW の離職に関連する要因（共分散構造分析）標準解

CFI ＝0.951, GFI ＝0.979, RMSEA＝0.090　　*p<0.05, **p<0.01, ***p<0.001

❹ 環境要因

　まず、①上司の配慮・誠実さ→職員を尊重する組織運営／部署環境の良し悪し→ワーク・エンゲイジメントは、主として MSW を取り巻く環境要因といえるでしょう。

　医療機関における MSW の上司とは、必ずしも MSW だけではなく事務局長や診療局長、看護部長、病院長の場合もあります。現に、この調査でも MSW 以外の上司が半数を占めていました。他職種の場合は拠って立つ学問基盤が異なるため、自ずと異なる視点から出発することになります。そのため、上司の配慮・誠実さである、部下の能力をのばす機会が得られるよう取り計らうことや、ふさわしい評価の実施、適切なサポート提供を行うためには、ふだん以上に上司と部下との十分なコミュニケーションに基づく相互理解が求められるといえます。

　また、「部署環境の良し悪し」とは、古くからの医師を頂点とするピラミッド構造のヒエラルキーのもとでの部署運営ではなく、互いを尊重しチームとして多職種が協働する部署運営を意味しているといえるでしょう。

　そして「上司の配慮・誠実さ」と「部署環境の良し悪し」は、それぞれが「職員を尊重する組織運営」に結びついており、「MSW 離職意向尺度」にも影響を及ぼしていました。つまり、いくら部署環境が良好で職員を尊重する組織運営がなされていても、上司のあり方しだいで離職意向が高まる可能性があったり、MSW の所属機関は職員を尊重する風土があったとしても、部署環境が悪ければ離職に結びつく可能性があることが示唆されたのです。これは、これまで行われてきた研究結果とも共通します[1, 2]。

　一方で本研究では、ワーク・エンゲイジメントの有無が離職意向に影響する

要因であることも見出されました。ワーク・エンゲイジメントとは「人々がより長く働くとともに、より健康でいられるようにするための、そして生産性を高めるための重要な手段」[5] であり、「活力」「熱意」「没頭」という3側面から成り立っています[6]。いわば、仕事の「やりがい」ともいえるでしょう。当然のことながら、ワーク・エンゲイジメントを左右する業務への誇りや働きがいを感じていればいるほど、離職意向は低くなります。そのため、ワーク・エンゲイジメントが得られる職場環境の醸成が業務継続には不可欠なことが示唆されました。

ただし、先行研究ではサービスの現場では「とくに上司との人間関係がよいほど、モチベーションを向上させる効果がみられる」[7] ことが指摘されており、ワーク・エンゲイジメントの有無は上司のあり方にもかかわっていると考えられます。

❺個人要因

次に、個人的な要因として見られたのは「多様で標準化困難な業務」です。この項目は、上司や部署環境のあり方とは独立して、単独で離職に結びつく可能性が示されました。

現在、病院内外からのMSWへの要請は即戦力として働くことであり、さまざまな業務が絶え間なく課せられています。診療報酬に位置づけられた退院支援業務のみならず、一人暮らし高齢者の増加に伴う支援のように時代背景から生じるニーズも多いのが現状です。さらにそれに輪をかけて、退院支援実践におけるMSWと看護師との間にコンフリクトが生じるという報告[8] にみられるように、2008年以降の診療報酬への退院調整加算の導入で、同一業務にMSWと看護師という2職種が担う事態も生じています。

元来MSW業務は人を相手にするものであり、マニュアル化がなじまないものでしたが、上記のような昨今の医療情勢の変動のなかで、さらに複雑な業務が課せられるようになってきています。このような標準化困難な業務に対応できる実践能力がなければ、バーンアウトや離職に結び付くことは想像に難くありません。2002年に行われた調査でも、「複雑で多岐にわたる相談を抱えながら、MSW自身の年齢やキャリア不足によって、さらにストレスを増大させ、離職を引き起こしていること」[9] が指摘されており、本研究での多様で標準化困難な業務と共通していました。ただし、その頃と現在では時代背景が異なり、MSWの配置数の違いや兼業業務の減少、退院支援の制度化という変化があります。また、その内実もそれぞれの時代の要請を受けて変化するのでは

第2章
医療
ソーシャル
ワーカー
のストレス

ないかと考えられます。

　そして、今回はもう１つ興味深い結果がみられました。今回の調査項目のなかに、ストレス対処能力を測る SOC3 項目スケールを含めたのですが、結果は離職意向項目からは除外されたのです。この SOC とは Sense of Coherence の略であり、ストレス対処能力概念としてアーロン・アントノフスキー（Antovsky, A.）が「一般の人々の人生にあまねく存在するストレッサーや危機（クライシス）への対処能力として、先行研究や類似概念等を入念に踏まえて一般化、概念化した」[10] ものです。アントノフスキーは「首尾一貫感覚」と呼び、「首尾一貫感覚（SOC）とは、その人に浸みわたった、ダイナミックではあるが持続する確信の感覚によって表現される世界［生活世界］規模の志向性のことである。それは、第１に、自分の内外で生じる環境刺激は、秩序づけられた、予測と説明が可能なものであるという確信、第２に、その刺激がもたらす要求に対応するための資源はいつでも得られるという確信、第３に、そうした要求は挑戦であり、心身を投入してかかわるに値するという確信から成る」[11] と定義しています。では今回、なぜこの SOC3 項目スケールが離職意向尺度に影響を及ぼさなかったのでしょうか。

　SOC が高いと仕事や継続意欲が有意に高まる知見があるため[12]、当初 SOC3 項目スケールは個人要因として離職意向に影響を及ぼすと考えていましたが、そうではありませんでした。その直接的理由としては、すでに MSW に課せられる業務の質量が個人のストレス耐性の次元を超えているのではないかと考えられます。また間接的理由としては、今回の調査協力者は離職を考えたことがあっても、現在も業務を継続している人達であり、すでに離職した人たちよりもストレス対処能力が相対的に高いというバイアスが存在する可能性があるのではないかと考えています。しかしながら、現時点では離職した人たちの量的調査が困難なため、この点に関する検証は今後の課題となっています。

❻ MSW の離職防止に向けた対策

　本調査の結果より見出された離職意向要因は、組織のあり方に関連するものと、個人の実践能力に関連するものでした。そのため、離職防止策を検討する際には、上司の理解を含むより働きやすい職場環境の調整や、多様で標準化困難な業務に対応できる実践能力を高める方策がそれぞれに必要です。

　ただし、それらを統合させながら実施する方策も可能ではないかと考えます。例えば、「研修の内容によって、MSW 自身の専門性を高めることができ

たり、社会的な要望や所属機関から期待されていることに対して柔軟にコーピング（対処行動）が取り入れられるような能力を身に付けることができる」ため、「研修参加を容易にする職場環境を構築することが重要である」[13]との見解があります。このように、上司を含む部署環境と個人の実践能力の向上を統合させながら実現する方策も、実施する余地はあるのではないでしょうか。

　そして、絶え間なく押し寄せる業務圧力のなかで、MSWはただ与えられた業務をこなすだけではなく、ワーク・エンゲイジメントが感じられるような取り組みが不可欠だと考えます。そのためには、自らの業務を振り返り、実施したことの適切なフィードバックが得られる機会が必要です。自らが実施したことの「限界認識」と「自己省察」を行い、「新たな学び・活動の実施」に結びつけること[14]が求められます。それこそが、実践能力を向上させる原動力にもなるのです。そしてその鍵を握るのは、スーパービジョンの受講や研修会への参加です。職場内だけではなく、近隣の医療機関やグループ病院単位で、また、都道府県医療ソーシャルワーカー協会や日本医療社会福祉協会といった職能団体に課せられた課題でもあるのです。

※　保正友子・杉山明伸・楢木博之・大口達也「医療ソーシャルワーカーの離職意向に影響を及ぼす要因」『日本福祉大学社会福祉論集』第140号，1-20頁，2019年に基づき執筆しました。

第2章
医療
ソーシャル
ワーカー
のストレス

■引用文献
1）本家裕子「一般病院のMSWのストレスの実態と影響を及ぼす要因——全国調査第2報」『医療と福祉』76，38（1），41-46頁，2004年
2）山川敏久「医療ソーシャルワーカーの退職に至る要因——入職1年以内に退職を決めた事例」『東北福祉大学研究紀要』33，119-128頁，2009年
3）山口麻衣・山口生史・高山恵理子・小原眞知子・高瀬幸子「医療ソーシャルワーカーの組織コミットメントと離職意図との関連」『社会福祉学』55（2），1-10頁，2014年
4）鄭真己・山崎喜比古「情報サービス産業における労働職場環境特性が労働者の心身の健康，職務不満足及び離職意向に及ぼす影響」『産業衛生学雑誌』45，20-30頁，2003年
5）ウィルマー・B・シャウフェリ・ピーターナル・ダイクストラ，島津明人・佐藤美奈子訳『ワーク・エンゲイジメント入門』星和書店，vii頁，2012年
6）同上，3-4頁
7）田尾雅夫『ヒューマン・サービスの組織——医療・保健・福祉における経営管理』法律文化社，119頁，1995年
8）佐藤奈津子「ソーシャルワーカーと退院調整看護師間のコンフリクトに関する研究——退院支援担当者へのインタビュー調査から」『北星学園大学大学院論集』5，1-21頁，2014年
9）本家前出1）45頁
10）山崎喜比古・戸ヶ里泰典・坂野純子編『ストレス対処能力SOC』有信堂，7頁，2008年
11）A・アントノフスキー，山崎喜比古・吉井清子監訳『健康の謎を解く——ストレス対処と健康保持のメカニズム』有信堂，23頁，2001年
12）望月宗一郎・小澤結香・村松照美・飯島純夫「介護療養型医療施設の退院調整に携わる看護師・医療ソーシャルワーカーの業務に関する認識とストレス対処力（SOC）との関連」『山梨大学看護学会誌』8（2），21-29頁，2010年
13）陽田加奈子・北島英治・田中千枝子「MSWのバーンアウト予防策の検討——問題解決行動，職場外サポートおよび研修充実度の抑制効果」『医療社会福祉研究』16，1-11頁，2008年
14）保正友子『医療ソーシャルワーカーの成長への道のり——実践能力変容過程に関する質的研究』相川書房，167-168頁，2013年

４ 離職を思いとどまる要因

❶離職を思いとどまる要因の調査概要

　MSW 等の職業に就いて以降、「辞めたい」と思ったけど思いとどまったという経験が一度はないでしょうか？　私自身は MSW になってから 2 年間、毎日のように辞めたいと考えていました。しかしそのときは思いとどまり、16 年間にわたって MSW を続けることができました。私のように今の職業を一度は辞めようと思いながらも続けている人は多いのではないでしょうか。本稿では、一度は離職を考えながらも思いとどまり、MSW を続けられている要因には何があるのかを考えていきます。それが分かれば離職に至らないようにすることができるのではないかと考えたからです。

　離職を思いとどまる要因を明らかにするために、A 県・B 県医療ソーシャルワーカー協会の会員のうち医療機関で MSW をしている者への調査のなかで、本稿では「現在勤務する病院や MSW 業務を辞めようと思った」ことが「ある」と回答した 306 名を対象としました。対象者の基本的な属性は、**表 2 ―7** のとおりになります。

　性別は男性 84 名（27.5％）、女性 222 名（72.5％）、年齢では、20 ～ 29 歳 94 名（30.8％）、30 ～ 39 歳 141 名（46.2％）と 20、30 歳代で約 8 割を占める状況でした。MSW としての経験年数は、4 年未満 89 名（30.4％）、4 年以上 7 年未満 67 名（22.9％）、7 年以上 12 年未満 65 名（22.2％）、12 年以上 72 名（24.6％）でした。所属病床種別は複数回答可で一般病床（急性期）170 名（56.3％）、一般病床（亜急性期）45 名（14.9％）、療養病床 84 名（27.8％）、精神病床 14 名（4.6％）、老人保健施設 38 名（12.6％）、回復期リハビリテーション病棟 82 名（27.2％）、診療所 7 名（2.3％）でした。

　MSW の離職を思いとどまる要因として 24 項目の質問を作成し、5 件法（「1. とてもそう思う」「2. 少しそう思う」「3. どちらともいえない」「4. あまり思わない」「5. そう思わない」）で質問を行いました。質問項目は、先行研究から離職を思いとどまった理由を明らかにしている調査等を参考に、MSW が離職を思いとどまる要因になっていると考えられる項目としました。

　分析方法として、MSW が離職を思いとどまる要因を導き出すために探索的因子分析を実施、その後、構成概念の妥当性を検証するために確証的因子分析を行いました。また、男女の違いについては、性別に分けてそれぞれ確証的因

表2─7：分析対象者の基本属性

(N＝306)

		人数	割合（%）
性別	男性	84	27.5
	女性	222	72.5
年齢 （無回答＝1）	20〜24 歳	24	7.9
	25〜29 歳	70	23.0
	30〜34 歳	76	24.9
	35〜39 歳	65	21.3
	40〜44 歳	45	14.8
	45〜49 歳	11	3.6
	50〜54 歳	8	2.6
	55〜59 歳	6	2
	60〜64 歳	0	0
MSW の経験年数 （無回答＝13）	4 年未満	89	30.4
	4 年以上 7 年未満	67	22.9
	7 年以上 12 年未満	65	22.2
	12 年以上	72	24.6
病床種別 （無回答＝4）	一般病床（急性期）	170	56.3
	一般病床（亜急性期）	45	14.9
	療養病床	84	27.8
	精神病床	14	4.6
	感染症病床	1	0.3
	結核病床	2	0.7
	診療所	7	2.3
	老人保健施設	38	12.6
	回復リハビリテーション病床	82	27.2
	その他	8	2.6

第2章
医療
ソーシャル
ワーカー
のストレス

子分析を行い、離職を考えながらも思いとどまり業務を継続している要因を明らかにしました。

❷ 離職を思いとどまる 6 つの要因

　調査の結果から、MSW の離職を思いとどまる要因として 6 つを導き出すことができました。①「資質向上志向」、②「責任感」、③「家庭との両立」、④「転職への不安」、⑤「他者からの引き止め」、⑥「現状容認」の 6 つです。これらが、一度は離職を考えながらも思いとどまった要因として挙げられたのです。

　具体的に見ていくと、①「資質向上志向」は、現在所属する機関で MSW としての資質を向上していこうとしていることが離職を思いとどまる要因になっていました。②「責任感」は、MSW として責任をもって業務を遂行しようとしていることが思いとどまる要因になっていました。③「家庭との両立」は、仕事と家庭の両立ができる環境があることが離職に至らず、業務継続につ

ながっている要因になっていました。④「転職への不安」は、転職することでの生活への影響、転職先の有無、転職に対しての不安が離職を思いとどまる要因になっていることが分かりました。⑤「他者からの引き止め」は、上司や上司以外の同僚、家族等から離職することを引き止められたり、悩んでいることを他者に相談したことにより離職に至らず、業務を継続することにつながっていました。⑥「現状容認」は、離職を考えたことがありながらも現在の職場でMSWとして継続的に働くということを自ら受け入れ、容認している様子がうかがわれました。

❸ 6つの要因の関連

　これらの6つの要因、それぞれがバラバラで離職を思いとどまっているわけではありません。それぞれの要因が関連し合って、一度は離職を考えながらも思いとどまっていると考えられます。ここでは6つの要因のそれぞれの関連（**図2—4**）を見ていきます。

「現状容認」と「責任感」「他者からの引き止め」との関連

　「現状容認」と他の5つの要因に関連が見られました。特に「責任感」(0.48)、「他者からの引き止め」(0.48) との間の関連に着目すると、「責任感」があるからこそ、現在の職場で働き続けようと思う「現状容認」も強くなると考えられます。この2つの関連は、MSWだけではなくどの分野の職業におい

図2—4：離職や業務中断を思いとどまる背景要因　確証的因子分析

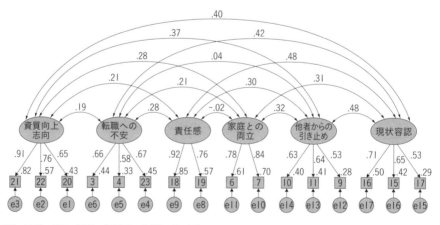

CFI＝0.931　GFI＝0.933　RMSEA＝0.059　N＝306

9　（　）内の数値は相関係数：−1から1の値を取り、−1に近いほど負の関連性（一方が高くなるともう一方が低くなる）が強く、1に近いほど正の関連性（一方が高くなるともう一方も高くなる）が強い。

ても同様ではないでしょうか。

　介護職・看護師の先行研究においては、「職場への所属意識」が職場定着に影響していることが示唆されています。黒田研二と張允楨は、介護職員は職場への所属意識が離職意向を低める方向にあるとしています[1]。また、今井訓子は介護職員が離職を届け出た理由として「利用者との人間関係を挙げたものは見られず、職業人としての自覚があると考えられる」[2] としていました。このように職場への帰属意識や利用者との関係が、責任感を生み離職を思いとどまる要因になると考えられます。

　これらのことは、MSW ならではの特徴も影響しているのではないかと考えられます。MSW は対人援助専門職としてクライエントに直面する業務です。そのため MSW が離職することは少なからずクライエントにも影響を与えることにもなります。患者担当制をとっている医療機関では MSW の離職がそのままクライエントにとって担当の変更につながってしまいます。そのため目の前のクライエントへの責任感から「続けるのが当たり前」等の意識につながり、離職を思いとどまるのではないかとも考えられます。

　「現状容認」と「他者からの引き止め」との関連については、離職を考えたとしても上司等に引き止められることで思いとどまって現状を容認し、業務を継続することができるようになったということが考えられます。このようなことが可能になるためには、職場内外で他者からのサポートがあるからこそ、といえるのではないでしょうか。

　上司等のサポートが離職を思いとどまる要因となることについては、他職種でも同様のことが指摘されています。介護職・看護師においては、黒田研二・張允楨が「同僚や上司との関係」[3]、塚本尚子・野村明美が「看護師長に配慮されている看護スタッフの認識は、離職意図に大きな影響力を及ぼす」[4] としています。

　MSW においては、杉山明伸らが上司の配慮・誠実さが「不足すると、やる気があっても『他の病院に移りたい』に結びつく」[5] として、MSW が業務継続していくためには上司のサポートが必要であるとしています。

「資質向上志向」と「現状容認」との関連

　「資質向上志向」は、「現状容認」（0.40）との関連が見られました。これは現在の機関に継続的に働くことで自らの資質向上が図れると感じているからではないかと考えられます。現在の職場環境が、個人の資質向上につながることで離職を思いとどまる要因になっているのです。

こちらも他職種で同様のことが指摘されています。介護職・看護職の先行研究では、片桐麻希・坂江千津子が離職理由の一つとして「看護の実践能力の不足」を指摘しており、そうならないようにするために「職場環境、先輩・上司を含む人間関係の調整、看護に対する前向きな感覚が生まれるようなケアのなかでやりがいを感じる経験、それを引き出すモデルの存在や助言などが就業継続につながる支援として重要」[6] としていました。

　このことは MSW においても同様で、職場環境が離職を思いとどまる要因になっています。資格取得や外部研修への参加を積極的に推奨している職場では、継続的に勤務することが自らの資質向上につながると感じているため、離職を思いとどまる要因になるといえます。私自身も病院で MSW として勤務しているときに大学院で学ぶことができました。スクーリングで仕事を休むこともあったのですが、「学ぶことは大切なこと」と職場からの応援もあり、無事に修了することができました。

「他者からの引き止め」と他要因との関連

　「他者からの引き止め」は、「資質向上志向」(0.37)、「責任感」(0.30)、「家庭との両立」(0.32)、「現状容認」(0.48) の4つの要因において関連がみられました。このことは、離職を「引き止められる」環境があることにより、思いとどまることにつながっているということができます。職場を含めた周囲の環境の影響が、一度は辞めようと思いながらも離職を思いとどまる要因になるのです。

　先行研究でも、職場内の環境として塚本尚子・野村明美は組織風土がバーンアウトへ、そして離職意図に結びついていることを明らかにしています[7]。また、阿部正昭らは「働きやすさを高めていくことによって、離職予防・職場定着の可能性がある」[8] としています。

　このように一度は離職を考えながらも思いとどまるためには、MSW 個人の努力だけではなく、周囲の環境も重要であるということができます。MSW として個々のケースにかかわる際には、さまざまな課題に直面することがあります。そのときに MSW が自分自身だけで抱えてしまえば、負担感は大きくなってしまい、離職の要因にもつながってしまいます。そのため、たとえ「辞めたい」と考えても、上司・同僚等の周囲からのサポートがあり、また離職を引き止められるような環境があれば、思いとどまる可能性が高くなるといえるのではないでしょうか。

❹離職を思いとどまる男女間の違い

　6つの要因から、離職を思いとどまる要因として男女間の違いもあるのではないかと考えました。そこで6つの要因の関連性を男性（図2—5）、女性（図2—6）別々にして男女間の比較を行いました。

　「資質向上志向」と「現状容認」との間について、男性（0.65）、女性（0.29）と男性のほうが強い関連が見られました。男性が「資質向上志向」と「現状容認」との間で強い関連が見られたことについては、継続的に働いていくうえでいずれはMSWから事務長等の管理職へ移行することを意識している人がいるのではないかと考えられます。本調査においても「役職あり」と答えている男女比において男性（42.8%）女性（23.3%）という結果になっています。

　私自身、MSWになりたての頃「男性は定年までMSWとして勤務するこ

図2—5：離職や業務中断を思いとどまる背景要因（男性）　確証的因子分析

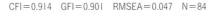
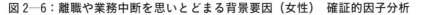

CFI＝0.914　GFI＝0.901　RMSEA＝0.047　N＝84

図2—6：離職や業務中断を思いとどまる背景要因（女性）　確証的因子分析

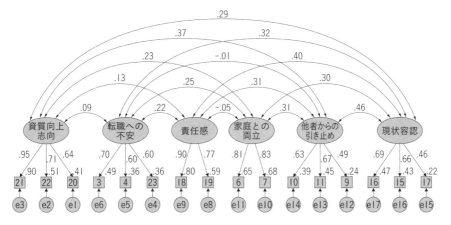

CFI＝0.914　GFI＝0.901　RMSEA＝0.047　N＝222

とはあまりなく、いずれは病院の事務長や同じ法人の施設長等の管理職を目指さないといけない」という話を何度か聞くことがありました。実際に男性のMSWで30年、40年以上MSWを続けている人が周囲に少なく、「この話はそのとおりなのだ」と考えるようになっていました。現在でも20歳代の男性MSWから「いつまでこの仕事を続けることができるのか」という不安の声を聞くことがあります。このような背景から、男性のほうが職場内で「資質向上」を図り、他の職種になっても働き続けることができるようにしていきたいという意識が強いのではないかと考えられます。

「転職への不安」と「家庭との両立」との関連については、男性（0.00）と関連が見られなかったのに対して、女性（0.25）は弱いながらも関連が見られるという結果でした。この結果から、男性は「転職への不安」から離職を思いとどまるときに、「家庭との両立」はあまり意識しない傾向にあると考えられます。一方で女性は男性よりも「家庭との両立」と「転職への不安」の関連が、離職を思いとどまる要因になっています。女性のMSWが一度は辞めたいと思いながらも業務を継続していくためには、「家庭との両立」ができる環境かどうかが影響すると考えられます。女性が多い看護師のなかでは、山口久美子が離職しない要因の1つとして仕事と私生活の両立を挙げています。[9]

今回の調査結果でも男女比は男性（27.5％）、女性（72.5％）であり、MSWは女性が多い専門職、という実態になっています。そのため離職を思いとどまる要因を考える際には女性が家庭と両立できる環境を作っていくことは不可欠といえます。

❺離職を思いとどまるためにどうしたらいいか

一度はMSWを辞めたいと考えながらも離職を思いとどまった要因を6つ挙げました。そして6つの要因がそれぞれどのように影響し合い、離職を思いとどまっているのかの背景を見ていきました。今回の結果から、離職を思いとどまるためにはどうしたらいいのか、考えていきます。

離職を思いとどまるためにしていくこととして、1つは個人レベルで行うこと、もう1つは職場レベルで環境を整えることの2つが挙げられます。

まず個人レベルで行うことは、①「MSWとしての質の向上を図っていくこと」、②「責任感をもったソーシャルワーク実践を行っていくこと」、③「職場内外からのサポートを得ること」の3つです。

①「MSWとしての質の向上を図っていくこと」は、個人としてのメリットだけでなく、目の前のクライエントや家族にとっても有益なことになります。

クライエントや家族にメリットがあれば、MSWのやりがいにもつながり、離職を思いとどまることにもなるという好循環が生まれてきます。

②「責任感をもったソーシャルワーク実践を行っていくこと」について、MSWの離職がクライエントの不利益に生じることにもつながることを知っておきましょう。MSWとしての責任感を常に意識すれば、辞めたいと思ったときにも現状を受け入れ、離職を思いとどまる要因にもなっていきます。しかしそれはMSWとしてときにはストレスが多くなり、続けることが厳しい状況に追い込まれることもあります。

だからこそ、③「職場内外からのサポートを得ること」が重要になるのです。職場内だけでなく、職場外の両方から多くの人のサポートを受けることができれば、離職を思いとどまることが可能になってくるのです。

職場レベルで行うことは、①「個々のMSWが資質向上を図ることのできる職場」、②「辞めたいと考えても引き止められる職場」、③「家庭との両立ができる職場」の3つになります。

①「個々のMSWが資質向上を図ることのできる職場」は、働いている個々のMSWが「ここで働いていたら自分自身資質向上が図れる」と思うことのできる環境、ということになります。職場内での学びの場だけでなく、外部研修へ参加する機会や、生涯学習を支援するシステム等があれば、離職を思いとどまる要因にもなります。そしてこのような職場の雰囲気は、他職種にも影響し合い、それが組織としての質の向上にもつながっていくのです。

②「辞めたいと考えても引き止められる職場」は、離職を思いとどまるだけではなく、職員間でコミュニケーションが取れていたり、スーパービジョンが行われていたりと、辞めにくい環境にあるともいえます。職場の風土ともいえるでしょう。

③「家庭との両立ができる職場」は、MSWが子育ての時期になっても職場を辞めることをあまり考えなくなるのではないでしょうか。本調査でもMSWは20歳代、30歳代の女性が多い結果になっています。私自身、これまで結婚、出産でMSWを離職した人を何人も見てきました。そのため子育てしながら就労を継続できる職場環境にしていくことは欠かせないのです。

＊　　　　＊　　　　＊

MSWが一度は辞めたいと思っても離職しないためには、個人で取り組むことと、医療機関という組織単位で取り組んでいくことのどちらも重要になってくるといえるでしょう。

※ 楢木博之・保正友子・杉山明伸・大口達也「医療ソーシャルワーカーの離職を思いとどまる要因に関する研究」『身延山大学仏教学部紀要』第19号，1-14頁，2018年に基づき執筆しました。

■引用文献
1) 黒田研二・張允楨「特別養護老人ホームにおける介護職員の離職意向および離職率に関する研究」『社会問題研究』60，20頁，2011年
2) 今井訓子「介護職離職の構造に関する研究——介護福祉士養成校卒業生の追跡調査から」『植草学園短期大学研究紀要』12，7頁，2011年
3) 黒田・張前出1) 22頁
4) 塚本尚子・野村明美「組織風土が看護師のストレッサー，バーンアウト，離職意図に与える影響の分析」『日本看護研究学会雑誌』30(2)，62頁，2007年
5) 杉山明伸・保正友子・楢木博之・大口達也「医療ソーシャルワーカーの業務継続意向の関連要因に関する研究」『医療と福祉』51(1)，58頁，2017年
6) 片桐麻希・坂江千津子「新卒看護師の離職理由と就業継続に必要とされる支援内容に関する文献検討」『佐久大学看護研究雑誌』8(1)，58頁，2016年
7) 塚本・野村前出4) 62頁
8) 阿部正昭・西村昌記・西原留美子・岩田香織「施設介護職員の職務継続・離職意向と『労働条件』・『働きやすさ』・『働きがい』に関する調査研究」『東海大学健康科学部紀要』16，71頁，2010年
9) 山口久美子「病院に勤務する看護師の離職に影響を与える職場環境と職務満足度に関する研究」『2012年度国際医療福祉大学大学院医療福祉学研究科博士課程請求論文』68頁，2013年

■参考文献
・労働政策研究・研修機構「若年者の離職理由と職場定着に関する調査」2007年
・宮城県「新規高卒者の職場定着に関する調査結果報告書」2013年
・金井篤子「働く女性のキャリア・トランジション」『日本労働研究雑誌』603，44-53頁，2010年

2 離職の 要因を知る

❶離職要因の全体像

　ここでは、実際に MSW を離職した人たちへのインタビュー調査に基づいて、どのような要因がその人たちを離職に追い込んでいったのかをみていきます。

　私たちは、すでに業務を辞めた元 MSW 7 人に、離職に至るまでの経過を聞き取ることができました。7 人の内訳は**表2—8**のとおりです。全員女性で、離職時の所属は急性期病院が 4 人、ケアミックスの急性期病棟が 1 人、ケアミックス病院が 1 人、療養型病院が 1 人でした。また、離職時の経験年数は 2 年から 7 年までと特に新人期に偏ってはいませんでした。保有資格は社会福祉士や介護支援専門員ですが、ササキさんのように無資格の状態が離職の引き金になったケースもあります。そして、所属部署の MSW 数は 1 人から 15 人までと多様でした。

　そこには多様な要因が存在しており、1 つだけでなくいくつもの要因が重なり合って離職に結びついていることが分かりました。それらのインタビュー調査の結果は、KJ 法を使って全体を統合しました。KJ 法とは、文化人類学者

表2—8：調査協力者の離職時の状況

	性別	所属	経験年数	保有資格	MSW 数
ナカムラさん	女	急性期病院	4 年目	社会福祉士	1 人
コバヤシさん	女	ケアミックスの急性期病棟	6 年目	社会福祉士 介護支援専門員	12 人
カトウさん	女	急性期病院	7 年目	社会福祉士 介護支援専門員	15 人
ヨシダさん	女	急性期病院	5 年目	社会福祉士	3 人
ヤマダさん	女	急性期病院	3 年目	社会福祉士	4 人
ササキさん	女	療養型病院	4 年目	無資格	1 人
ヤマグチさん	女	ケアミックス病院	2 年目	社会福祉士	6 人

の川喜田二郎が考案した方法で、「野外で観察した複雑多様なデータを、『データそれ自体に語らしめつつ、いかにして啓発的にまとめたらよいか』という課題」[1] に基づき開発されたものであり、「データをして語らしめて、よりよき判断を混沌の中から取りだす方法」[2] です。

　個々のデータを書き写したラベルから意味内容の類似性をもったラベルを小グループに再編し、それらにその内容を要約した表札を付けていきます。その後、小グループの表札の意味内容の類似性をもった表札を集めて中グループに再編成し表札を付け、さらに大グループへの再編に向かっていく方法です。最終的にはこれ以上再編されない島が生成され、それらの全体像を図解で示しグランドテーマを付けることにより、事象の本質を明らかにします。島には意味内容の類似性を表す表札とともに、島の訴える内容を象徴するシンボルマークを付けることになります。

　このKJ法で統合したものが**図2—7**で、図の概要は以下のとおりです。

　7人のデータを統合した結果、6つの島【プロとして未成熟】【現状からの脱却願望】【過重業務】【同僚への疲弊】【相談相手の不在】【後輩の成長の妨げ】が生成できました。6つの島の構造は以下のとおりです。

　まず、全体の基底をなしている専門職としての構えができていない【プロとして未成熟】は、MSWという専門職としての価値・知識・技術が不十分であることに加え、職業的アイデンティティやMSWとしての姿勢が十分に熟成されていないことを意味します。これは、過重な業務が裁量を越えている【過重業務】と、歯が立たない現状から抜けたかった【現状からの脱却願望】に波及効果を及ぼしていました。【過剰業務】と【現状からの脱却願望】に対して、他のスタッフとの関係に疲れ果てた【同僚への疲弊】と、必要なときに相談できる相手がいなかった【相談相手の不在】が作用していました。一方、【後輩の成長の妨げ】は上記の5つの島とは質が異なり、内容としては対極に位置付いたため反対を表すマークを入れています。全体としては、これらの要因が幾重にも重なり合うことにより、離職に至っていたため＜負の地層＞というグランドテーマを付けました。

　結果を示す**図2—7**は、個々のラベルを統合して表札を付けた段階から表記する「インデックス図解」であり、島の関連性についてはKJ法で活用する関係線を用いて表しています。その島の内容を象徴するシンボルマークは【　】で示します。各島の表札末尾にある①②③④はラベルの束を統合した回数、他の束と統合されない場合の回数は「。」で表しています。最終的に4回統合した場合には④、1回目以降統合されていない場合には「①。。。」と表記してい

ます。右下の1）～4）は、1）が図の完成した日、2）が作業を行った場所、3）が図のもとになったデータ、4）が作成者を示します。

以下、それぞれの島について事例を交えながらみていきます。

❷プロとしての構えができていない

プロとしての構えができていないとは、どのようなことでしょうか。調査からは、精神的側面である「やる気のなさ」や「諦め」にみられるMSWになる覚悟ができていないことに加え、身体的側面である「体調が悪く辞めたかった」状況が加わり、心身ともにMSWになりきれていない様子が見受けられました。さらに、追い打ちをかけるかのように「患者が怒りをぶつけてきてつらかった」という状況も存在していました。

専門職としての自己を育てきれなかったヤマダさん

ヤマダさんは、4年制大学社会福祉学部卒業後、急性期病院に勤務しました。就職直後は、他者のいうことを鵜呑みにするところがありました。そのため、患者と同化して適切な距離が取れず、疲れてしまうことも多々ありました。相手の状況を踏まえて何をすべきかを考えても、どうしたら良いか分かりませんでした。それに対し、室長は何度も助言してくれたのですが、全く意味が分からずかえって混乱してしまいました。

そのような折に中途採用者が入職し、室長と上手に関係をつくっている一方で、自分は相変わらず室長の助言が理解できず、ますます自己評価が低くなっていきました。2年目より体調不良が続き、しだいに頭が働かなくなり、突然、全く出勤できなくなってしまいました。メンタルヘルス科を受診した後に休職したのですが、回復の目途が立たず退職し、その後は一般企業に転職しています。

＊　　　＊　　　＊

ヤマダさんのように、周囲から求められていることに応えるまでには、もう少し時間が必要なMSWはたくさんいると思われます。そのためには、プロとして熟成していく過程を見守り、寄り添う存在が必要となってきます。同じ職場の上司や先輩でなくても、別の職場の先輩や同期の仲間であっても、互いに支え合える関係性が存在することが大切なのではないでしょうか。

❸歯が立たない現状から抜けたかった

この島には、2つの要素が含まれていました。1つは、「広がりのないMSW

図2—7：負の地層―インデックス図解―

プロとしての構えができていない。④

【プロとして未成熟】

患者が怒りを本人にぶつけて辛かった。①。。。

心身ともにMSWになりきれていなかった。③

体調が悪く辞めたかった。①。。

MSWになる覚悟もできていない。②

現在の自分はソーシャルワーカーになれない。①

ワーカーとしてのやる気がない。①

MSWとしての価値がわからないまま進んでいる。①

ソーシャルワークできない自分をどうしていいか分からない。①

MSWである自分へのあきらめがある。①

過重な業務が裁量を越えた。④

【過重業務】

業務量の多さに圧迫された。③

業務量が増して負担感が増えた。①。

仕事が私生活を侵食していった。①。

自分のことしか考えられなかった。①。

外部からの要請を受け入れられなかった。③

ベッドコントロールだけの業務に不満がある。②

ベッドコントロールだけの仕事だった。①

急性期病院の業務の目まぐるしさを受け入れられない。①

病院からの要請に応えられなかった。②

病院の要請により、やりたい業務が遠ざかる。①

病院からの要請に対応できなかった。①

求められる社会福祉士が取得できなかった。①

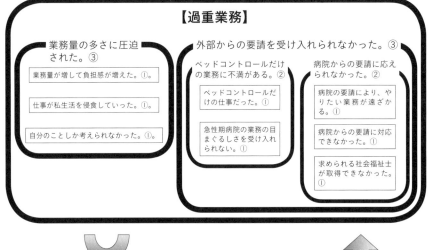

後輩の成長の妨げ

自分の裁量の増長が後輩の育ちを妨げている怖さを感じている。①。。。

相談できる相手がいなかった。②。。
【相談相手の不在】

孤軍奮闘していた。①

求めていたスーパービジョン体制がない。①

歯が立たない現状から抜けたかった。④

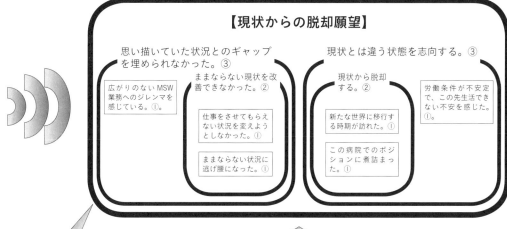

【現状からの脱却願望】

思い描いていた状況とのギャップを埋められなかった。③

現状とは違う状態を志向する。③

広がりのない MSW 業務へのジレンマを感じている。①。

ままならない現状を改善できなかった。②

現状から脱却する。②

労働条件が不安定で、この先生活できない不安を感じた。①。

仕事をさせてもらえない状況を変えようとしなかった。①

新たな世界に移行する時期が訪れた。①

ままならない状況に逃げ腰になった。①

この病院でのポジションに煮詰まった。①

他のスタッフとの関係に疲れた。④

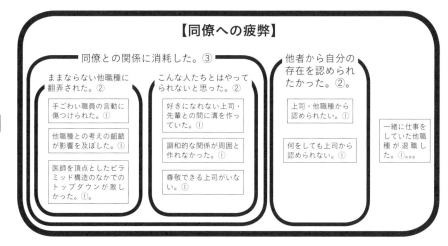

【同僚への疲弊】

同僚との関係に消耗した。③

他者から自分の存在を認められたかった。②。

ままならない他職種に翻弄された。②

こんな人たちとはやってられないと思った。②

手ごわい職員の言動に傷つけられた。①

好きになれない上司・先輩との間に溝を作っていた。①

上司・他職種から認められたい。①

一緒に仕事をしていた他職種が退職した。①。。。

他職種との考えの齟齬が影響を及ぼした。①

調和的な関係が周囲と作れなかった。①

何をしても上司から認められない。①

医師を頂点としたピラミッド構造のなかでのトップダウンが激しかった。①。

尊敬できる上司がいない。①

第2章
医療
ソーシャル
ワーカー
のストレス

関係線の種類
波及　　因果関係　　反対

１）2016. 6. 26
２）立正大学熊谷キャンパス
３）MSW を離職した７人のインタビューデータ
４）保正友子・楢木博之・杉山明伸

業務へのジレンマを感じていること」と「ままならない現状を改善できなかったこと」から、思い描いていた状況とのギャップを埋められなかった状態が生じたことです。

もう1つは、「次のステップに移行する現状から脱却したい気持ち」と「労働条件が不安定で、この先生活ができない不安を感じた」ことから、「現状とは違う状態を志向している」ことです。いずれも、自らの力では動かすことができない甚大な現実に直面し、そこから抜け出し別の場所に向かいたいという気持ちの現れがうかがえます。

自らの状況を変えられなかったヤマグチさん

ヤマグチさんは、4年制大学社会福祉学部卒業後、ケアミックス病院に勤務しました。他の仕事と重なっていたためきちんと対応できず、入職直後から決められた仕事の期日を守れないことが数回ありました。そのつど室長から厳しく叱責され、担当を外されることもありました。このようなことが何度か続き、2年目に一度退職を申し出たのですが、その際は大学教員のスーパーバイザーに相談し、いったんはがんばろうと思い直しました。

しかしその後も同じことがあり、室長の注意はパワーハラスメントだと感じ退職を決意しました。当時は「どこか現実的じゃない」「意味が分からない」と感じるものの、この状況から抜け出そうとはしませんでした。後から振り返ると、周囲に対して何の働きかけもできなかった自分は、未熟だったと感じています。その後、同じ職場で医療とは直接的に関連しない事業に従事しています。

＊　　　　＊　　　　＊

自らの力では動かしようもない事態に直面した際に、取るべき行動は2つあります。1つはその事態から逃げること、もう1つはその事態を乗り越えることです。事態を乗り越えるためには、自らを取り巻く状況を変えるソーシャルアクションが求められます。ソーシャルワーク専門職のグローバル定義にあるように、ソーシャルワーカーには社会変革の任務が課せられており、自らを取り巻く環境においてもそれは適応されるでしょう。しかしながら、調査結果から、何をどのように取り組めばよいのかが分からない状況だったのではないかと推察されます。そこには養成校時代の教育と現任研修での取組みの弱さが表れているといえるのではないでしょうか。

とはいえ、やはり個人の資質のみに還元される問題ばかりではなく、それをバックアップする体制が整っていないことが問題として指摘できます。

❹過重な業務が裁量を越えた

　この島は、「業務量が増して負担感が増えたこと」「仕事が私生活を侵食していったこと」「自分のことしか考えられなかったこと」を統合した「業務量の多さに圧迫されたこと」と、「急性期病院のベッドコントロールだけの業務に不満があること」「病院からの要請に応えられなかったこと」を統合した「外部からの要請を受け入れられなかったこと」から成り立っています。

　どこからどのようにして手をつければよいのかが判断できないほどの業務量の多さを目の当たりにし、すでに自らのキャパシティを超えているがゆえに、それ以上の業務を受け入れる余地がない現実を物語っています。また、単に業務量が多いだけにとどまらず、自発的意思に基づく業務遂行よりも、診療報酬上の必要や患者・家族へのサービス促進面から、病院側からの要請で取り組まざるを得ない業務の増加に対して負担感が垣間見られます。

　2006年以降、診療報酬の改定ごとに位置づけられるMSW業務が増す過程で、入職当初より業務のコントロールが困難だったり、コントロールができない状態で業務を続けていたものが、いよいよ業務を継続するうえでの臨界点に達した様子が表れています。

業務量の多さと管理強化に耐えられなかったナカムラさん

　ナカムラさんは、社会福祉の専門学校卒業後に、急性期病院に一人職場のMSWとして勤務しました。当初は年間200〜300ケースだったものが700ケースに増えていき、しだいに処理しきれない感覚が強くなっていきました。一方で、職場内ではスーパービジョン体制が存在せず、必要なときに受けられませんでした。また、医師や看護師との考え方の相違がつらく、勉強すればするほどMSWとしての自らの価値観が揺らいでいくのを感じました。一緒に仕事をしていた医事課職員や看護師達は退職していきました。

　その後看護部長が交代すると、看護部長なりの方針のもとナカムラさんに対する管理が強化され、自分が今までやってきたことがすべて否定されるような感じがして怖かったのを覚えています。そのときには突破口がなく、体調が悪くて仕事を辞めたくて仕方ありませんでした。ある日、相談室に戻ってソファに座ると立てなくなり、退職を決意し、その後は療養型の病院に転職しました。

＊　　　　　＊　　　　　＊

　ナカムラさんの場合には過重労働というだけでなく、他職種の上司の管理強化や支え合ってきた同僚の退職や体調の悪さがあいまって退職に至っています。でも、その根底には対処しきれない量の業務がありました。業務量の管理

等の業務マネジメントが重要なことがうかがえます。

❺他のスタッフとの関係に疲れた

　この島は、3つのグループが統合されたものです。まず、「ままならない他職種に翻弄された」と「こんな人たちとはやっていられないという気持ち」に基づいた「同僚との関係に消耗した」ことがあります。また、「上司・他職種から認められたい」一方で「何をしても上司から認められない状況」があり、「他者から自分の存在を認められたかった」という思いがあります。さらに、そこに「一緒に仕事をしていた他職種が退職した」ことが加わっています。

　人間関係のトラブルはどの職場でも起こることですが、他職種との関係性の難しさが退職に少なからず影響を及ぼしているのは、多くの職種が働くなかで少数のMSWが存在意義を発揮しなければならない医療機関ならではの固有性といえるでしょう。その一方で、承認されたくてもされないつらさや、関係が良かった他職種が退職して、自分だけが取り残されたような感覚に陥っている様子も見受けられます。

上司からフォローがなくつらい思いをしたコバヤシさん

　コバヤシさんは、4年制大学社会福祉学部卒業後にケアミックス病院に勤務しました。3年後に急性期病棟に異動になると、職場の人間関係は良いけれど患者の回転が求められ、そればかりを考えるつらい時期でした。一度、つらい思いを上司に相談しましたが、「あなたはどうしたら良いと思う?」と問いかけられ、答えられない自分に落ち込みました。知識や技術の不足を補うため積極的に研修に参加したのですが、仕事のつらさは職場の機能のせいではなく、自分が相談業務に向いていないためと思うようになりました。

　ある日院長と話すなかで「何年もうちにいて新人ではないのだから、もう少しやり方をどうにかしろ」と言われました。その場に同席した上司からフォローはなかったため落ち込み、物事への取組み方が分からなくなってしまいました。そして、生計を立てるために介護支援専門員資格取得後に退職し、その後は居宅介護支援事業所に転職しています。

＊　　　　＊　　　　＊

　MSWは経験年数を経るにつれて院内での信任を獲得し、それにより効果的な業務遂行が可能になることが報告されています。[3] しかし、まだそのような状態に至っていない場合には、一番身近な上司からの承認や、常に協働する他職種との関係性のあり方が、業務継続を左右する鍵になるのではないかと思わ

れます。

❻相談できる相手がいなかった

　この島は、「求めていたスーパービジョン体制がないこと」と「孤軍奮闘していたこと」を統合して生成しました。自分一人での力では対処できない問題に直面した際に、相談できる相手がいればもちこたえられたことも、相談相手の不在のために限界を超えてしまった状態といえるでしょう。また、自ら相談相手を求める行動がとれていないこともあります。一方で、相談相手がいたとしても、負担とサポートを天秤にかけた場合に、負担が重かったことが考えられます。

困っていることを上司に説明できなかったヨシダさんの例

　ヨシダさんは、4年制大学社会福祉学部卒業後、急性期病院に勤務しました。3年目に上司から言われたことをそのとおりに行う単純作業はできていました。しかし、患者の状況を踏まえて何をすべきかを考える仕事は、どうすれば良いか分かりませんでした。患者に何を聞いたらよいのかが分からず、何で困っているのかを上司に説明できない状態が続きました。その頃から、しだいに肩の痛みや不眠の症状が出てきました。

　そしてある朝、突然起きられず、体が動かなくなり出勤できなくなってしまいました。心療内科を受診するとうつ病と診断され、その後休職します。その頃はうまくいかないケースのことを四六時中考えていて、公私の区別はありませんでした。うつ病の治療のため長期欠勤し、復帰の目途が立たずに病院を退職し、その後は一般企業に転職しています。

＊　　　　＊　　　　＊

　ヨシダさんの場合には、相談できるはずの上司がいるにもかかわらず、うまく説明ができずに自分で抱え込んでしまっている様子がうかがえます。職場内でのスーパービジョン体制が確立できていたならば、また違った展開になったことと思われます。

　MSWが診療報酬に位置づけられて雇用人数が増え、数十年前のような時間をかけた個別スーパービジョンが行える条件は狭まってきているのが実状です。それを補うためには、グループスーパービジョンの実施が不可欠ですが、十分に体制が整ってはいません。認定社会福祉士の認定要件として、スーパービジョンの受講が含まれていますが、現在のところその形態は個別スーパービジョンの実施にとどまっているため、グループスーパービジョンの早急な実施

が求められます。

　また、各職場や職能団体などでも、一定の質を担保したグループスーパービジョンを行い、必要なときにいつでも「相談できる相手」にアクセスできる体制を整備することが求められるでしょう。

❼後輩の成長の妨げになりたくなかった

　この項目は、❷〜❻までの項目とは質が異なっています。これまでみた5つの項目は、MSW業務の質量や人間関係に疲弊し、いわばバーンアウトの要素を含んだ離職といえます。それに対し、この島は自分にある程度の裁量権があり、MSW業務の窓口となっている自分がいるために、後輩に仕事が依頼されず成長の妨げになるのではないか、という危機感を抱いたという内容です。

　ただし、このような懸念だけでは、直接的に退職に結びつくとは考えにくいため、他の要因と合わさって離職に至ったのではないかと推察できます。

後輩の成長の妨げになりたくなかったカトウさん

　カトウさんは4年制大学社会福祉学部卒業後、急性期病院に勤務しました。5年目に主任になり、使命感をもって働きやすい職場づくりを心がけてきました。しかし、そのなかで後輩たちが育っていき、自分がいなくても動く組織になったことを実感すると、徐々に使命感が薄れていきました。自分だけに許されることがあり、慣れもあって刺激がなくなり、以前ほど自分のモチベーションが保てなくなっていたのです。

　学ぶことは楽しかったけれども、自分がいることで後輩の負担になっているのではないかという気持ちがありました。本来なら後輩に任せられることもすべて自分に依頼がくるので、後輩が評価されていないことを感じていました。結婚の予定もあったため、もうこの病院で自分がやることはないと思い退職し、その後は保健所の相談員に転職しています。

＊　　　＊　　　＊

　相談室の「顔」になっている中堅・ベテランMSWは、カトウさんと同じように「本来なら後輩に任せられることもすべて自分に依頼がくるので、後輩が評価されていないこと」を感じることがあります。特に、自分が成長してきたような少人数でMSW業務を開拓してきた時代とは異なり、現在はすでに定まったMSW業務の枠内において新人を多く雇用するようになったため、いっそう後輩が先輩の陰に隠れてしまっている状況を感じるのでしょう。

　一方で、MSW数が多くなったため、MSWの担当制のもとで適材適所を考

えた配置ができ、個々人が置かれている状況下で輝ける基盤ができたともいえます。これからは、各人の長所を生かす業務マネジメントが、ますます求められる時代になるでしょう。

※　保正友子・杉山明伸・楢木博之「医療ソーシャルワーカーが不本意退職に至る重層的要因の解明」『医療と福祉』No.105，Vol.53-1，50-57頁，2019年に基づき執筆しました。

■引用文献
1）川喜田二郎『発想法──創造性開発のために』中公新書，i頁，1967年
2）川喜田二郎『KJ法──混沌をして語らしめる』中央公論社，16頁，1986年
3）保正友子『医療ソーシャルワーカーの成長への道のり──実践能力変容過程に関する質的研究』相川書房，135-140頁，2013年

第2章
医療
ソーシャル
ワーカー
のストレス

第3章

続けるための ストレス マネジメント

1 ストレスを「ケア」する

1 SOC

❶ 定義

アントノフスキーが提唱する SOC

　SOC（Sense of Coherence）は健康社会学者のアーロン・アントノフスキー（Antonovsky, A.）によって提唱されました。日本では山崎喜比古により「自分の生きている世界は首尾一貫しているという感覚」[1] として「首尾一貫感覚」と訳されています。

SOCが役に立つ状況の要点

- ☑ この先私の身の上に何が起こるか不安だ
- ☑ 初めて出会う生活状況の患者にどう接したらいいか分からない
- ☑ 上司から次々と課題を与えられ、気が重くてたまらない

　アントノフスキーは、1970年代初めにイスラエルで、更年期を迎えた女性にナチスによる強制収容所での経験が心身の健康にどのような影響を及ぼしているかの調査団に参加しました。そして、収容所経験のある人たちとない人たちとを比較し、経験者の健康状態の方が不良であるという当然の結果ではなく、収容所からのサバイバーの約3割が良好な健康状態を保っていて、しかも収容所経験を意味のあるものとさえ認識していたことに注目しました。

　ナチスによる収容所が、いかに残虐なものであったかは周知のことです。PTSDの症状が出ていてもなんら不思議のない過酷な環境をも成長の糧とし、心身のバランスを保ち、前向きに生きていく秘訣をアントノフスキーが検討

し、生み出した概念がSOCで、「その人に浸みわたった、ダイナミックではあるが、持続する確信の感覚」[2] である「ストレス対処能力」と解釈されています。

SOC を高める

SOCは、把握可能感、処理可能感、有意味感の下位概念で構成されています。「把握可能感」は自分が置かれている状況を理解して、今後何が起こるかが分かる感覚で、「処理可能感」はストレス処理のために必要な資源を知っていて、何とか対処できると思える感覚を指し、「有意味感」は今の困難が人生に必要と実感できて、取り組む気になれる感覚を表しています。つまり、現状や今後の展開を把握し、何を使って、どのように切り返すかを思いつき、この大変さを喜びにできるというものです。

SOCは、生来的に備わる体質・気質・価値観と、後天的に獲得される知識・社会との関係性などに、社会経済的地位やソーシャルサポートなどの周辺的な要素が加わって基盤がつくられます。その後、社会で規律を守ること、責任を負うこと、能力をやや超える課題に挑戦することなど、生活上のストレスと、それに対する緊張処理の成功体験の有無によってSOCの強弱が形成されるといわれています。

国内での研究では、SOCを高める要因として、困ったときに支えてもらえると感じられる友人・知人・家族・同僚・上司などがいること、課題解決に役に立つ社会資源が実際にあること、収入・健康への満足感などが挙げられています。これらの要素はどちらが先とは言いがたい循環的な関係性の側面もありますが、SOCが人生のあらゆる場面を通じて形成され、強化され得る学習性の感覚でもあることは、ストレス対処を検討する際の手立てとして役に立つと考えられます。ただし、SOCは30歳くらいまでに安定して、それ以降は大きな変動は起きにくいとされる点は、育成計画作成時に配慮が求められます。

SOCの効果としてもたらされる事象は、何よりも、重荷と感じる仕事を自分にとって都合の良いストレスと解釈するなど、ストレッサーへの上手な対応処理が考えられます。また、仕事の裁量度や自覚的な仕事の適性度の高さ、職務満足度や労働適応能力の高さなど、仕事に喜びを見出しながら従事している姿勢も挙げられています。そして、現実的課題や困難に遭遇した際は、きちんと向き合い、問題解決のために視点を転換することができるようになることも指摘されています。

第3章
続けるための
ストレスマネジメント

SOC はアントノフスキーによって開発された 29 項目または 13 項目の自記式質問紙によるスケールで測定できます。これらのスケールは山崎喜比古らによって日本語版も作成されていて、いずれも信頼性・妥当性が検証されています。ただし、一般住民を対象とした大規模調査を実施するには 29 項目・13 項目ともに負担がかかるので、少しでも回答時間を短縮するため、スウェーデンやドイツで 3 項目のスケールが検討されました。日本では戸ヶ里泰典によって SOC 3 項目スケールが開発され、私たちも調査の際にはこのスケールを使用しました。

戸ヶ里の 3 項目スケールでは、回答者は「私は、日常生じる困難や問題の解決策を見つけることができる」「私は、人生で生じる困難や問題のいくつかは、向き合い、取り組む価値があると思う」「私は、日常生じる困難や問題を理解したり予測したりできる」の各項目に対して、「1 非常によくあてはまる」から「7 全くあてはまらない」までの 7 段階の選択肢のいずれかに最も近いものを選びます。これにおいては数字が小さいほど SOC が高いことになるため、スコアリング時に逆転して得点化し、合計したものを SOC スコアとして（3〜21 点）、数字が大きいほど SOC が高いようにします。一般に SOC が高いとメンタルの安定につながるとされています。

スコアと属性との関係は各所で発表されています。例えば、年齢が高まるにつれて SOC が高くなるとの指摘もあります。SOC は生育環境や人生経験を通して後天的に育まれる可能性があり、環境による影響も示唆されています。SOC を成長させる内的・外的要因はストレス対処の重要なヒントとなります。

❷ MSW にとっての SOC

私たちは SOC 3 項目スケールを用いて MSW との関係性も検証してみました。SOC スコアは私たちの調査では平均値 15.63 点でした。戸ヶ里が 2007 年に実施した調査のデータが、調査 1：14.55 点、調査 2：14.95 点でしたので、対象者も状況も異なりますが、MSW の SOC スコアの方が高い傾向にあるようです。現役 MSW は、業務の困難性と向き合いながら働いている最中にあり、ストレス対処能力の高い人たちが多く含まれているのかもしれません。

SOC 3 つの下位概念

SOC の 3 つの下位概念を MSW に当てはめてみます。

MSW は、患者・家族、院内スタッフ、地域のいずれが対象であっても、事

に当たる際、まず自分のなかに起こっている感情を自覚し、どのような意味があるのかを考えます。類似した事例を思い起こすのに感情は手がかりになりますし、何もなければ、事象に関して情報収集しなければなりません。そのうえで、今の問題の原因、経過、重要度を探り、対策を講じ、この先、自分の身辺に何が起こるのかを想像します。「自分が置かれている状況を理解して、今後、何が起こるかを分かる感覚」である「把握可能感」はこの過程を下支えする感覚です。

　仕事とはいえ、困難に立ち向かうのには相応の覚悟が必要です。覚悟の背景にあるのが「ストレス処理のために必要な資源を知っていて、何とか対処できると思える感覚」の「処理可能感」といえます。自分の周辺に助けとなる存在があるのかを調べ、ときには実際にサポートを受けてみます。ひどい肩こりを自覚する人は通勤途中にあるマッサージの広告が気になって仕方ないでしょう。助けとなる存在は行為かもしれないし、人、モノ、施設、環境かもしれません。本人が癒しを感じるのなら、何でもあり得ます。もちろん勤務先にあれば理想的ですし、配慮ある組織に身を置けたら幸運です。

　ビクトール・フランクル（Frankl, V. E.）はどんなときでも人生には意味があるとして、「人生が各人に課する使命を果すこと、日々の務めを行うことに対する責任を担うこと」[3]が大事であると言いました。直面状況が困難であるほど、その意味を肯定的に置き換えることはたやすくはありません。患者・家族、組織とのジレンマで逃げ出したくなる場面は少なからずあります。そのようなときでも自分の価値を見出そうとし、敵対する対象であっても受容しようとする構えを後押しするのが「今の困難が人生に必要と実感できて、取り組む気になれる感覚」である「有意味感」です。人生の勝負どころと認識して、あえて自分を鼓舞するほどの積極的な姿勢にも通じます。

SOC の高い MSW の特徴

　SOC の高い MSW の特徴を私たちの調査からまとめてみました。

　個人的要素は、社会福祉士に加え精神保健福祉士の資格をもっている、ソーシャルワーカー経歴が長い、ソーシャルワーカーを継続する意向がある、業務に自由裁量権がある、役職がある、自分に実践能力があると認識している、「多様で標準化困難な業務」を当然と受け止める、「要望と現実の業務ジレンマ」を当然と受け止める、業務に重要性・有意性を見出している、が挙げられます。

　環境的要素では、他者からの適切な評価を受けられる、病院内で他職種から

コンサルテーションを受けられる、病院内で各種勉強会が開かれている、病院外でスーパービジョンを受けられる、病院外で他職種からコンサルテーションを受けられる、職能団体以外の研修に自費・公費で参加できる、困ったとき相談にのってくれる「病院内外のMSW」「病院内の他職種」「家族・友人等」がいる、でした。

　ちなみに困ったときに相談にのってくれる相手として、「上司」と「出身学校の教員」に有意差はありませんでした。相談内容が院内関連でしたら上司には話しにくいでしょうし、教員はいざというときには躊躇してしまう相手なのかもしれません。

　以上のうち特に影響力の大きいものを検証してみました。SOCが高いMSWは、多様で標準化困難な業務を難しいと感じず、病院内でMSW業務の勉強会が開かれていて、業務に身を粉にするほどのやる気をもち、対象を客観的に見ることができるうえ自らのできないことの限界を認識でき、後輩が入ったり責任ある仕事を任せられたりすることで腹をくくって物事に取り組み、相談にのってくれる病院内のMSWがいて、困ったときに頼りになる家族・友人等がいる、という人たちでした。

■SOCを強化する取組み

　MSWとして成長するため、SOCを強化して応答力や耐性を増したり加えたりする取組みを考えてみました。身辺で起こっていることを理解するのは、人間の営みに対する深い興味と、社会の仕組みに関する広い関心が基本です。

　まず、常日頃から、世の中の変化に着目し、その意味合いを考えてみましょう。未経験の事象の今後の展開は分からなくて当然です。とはいえ、人の行為には一定の規則性もありますので、それをもとに類推することは可能です。ふだんから、自らが明確な規範やルールのもとで生活してみてはいかがでしょうか。

　ストレスから解放されるためには自分を助ける資源をうまく使いこなせなければなりません。自分に役立ちそうな資源を集め、たまには実際に使って効果を試してみましょう。ときには分不相応な課題にチャレンジすることが成長に通じるようです。課題遂行に責任をもつ経験によって実力は養われます。もっとも、無謀なことばかりではバーンアウトしかねませんので、能力内外の要求をバランスよく受けたいものです。

上司・組織の働きかけ

　MSW の自己努力があっても、組織の課題はいかんともしがたい面があります。逆に上司・組織としての働きかけが刺激となり、SOC が強化される可能性もあります。

　上司世代と新人世代では少子高齢の進展や経済状況の変化があり、上司世代の常識が新人世代では通用しないことも珍しくありません。上司世代は専門職養成の前に根気強い人間育成に取り組むなど、旧来の発想からの大胆な転換が求められるようになりました。

　上司・組織が心がけることとして筆頭に挙げられるのは、職務保証されている職場であるという雇用環境の安定です。残念ながら、現代では考えられない労働条件がまかりとおる旧態依然とした医療機関が実在します。これでは SOC 云々の話ではありません。困難状況と向き合うときに上司・同僚からの適切な援助があれば、孤軍奮闘ではないと実感でき、勇気百倍になります。同僚同士の良好な援助・被援助関係の構築も上司たちの務めです。

　上司には管理者としての適正な指導力も求められます。部署のルール・方針・責任所在の可視化、適切な評価、研修・スーパービジョン体制などを明示することは部署に安心感をもたらします。同様に、部署内での相談体制と計画的な研修会は必須です。これらは上司の誠実さを表しています。

第**3**章
続ける
ための
ストレス
マネジメント

　能力を意識した業務配分の一環として、多少は能力を超えた仕事でも任せることを試みているでしょうか。患者・家族の安全や組織内での部署の評価を考えれば失敗は許されませんが、MSW の成長のためには支援体制を組んだうえでのチャレンジも必要です。

　そして、上司がいつまでも最前線で実務を担うのではなく、あえて部下に業務を委ねるようにしていますか。仕事を渡された MSW は上司からの信頼を自覚し、意気に感じ、SOC が今まで以上に刺激されることでしょう。

＊　　　　　＊　　　　　＊

　「人は人とともにあって成長をするが、それは人間として尊重された関係においてのみ可能である」[4] は浅賀ふさの言葉です。援助は人にしかできず、これは患者・家族や他職種、他機関に対していえるだけでなく、MSW 自身の成長にも当てはまります。

　ストレスと立ち向かう MSW の目標は、「困難を当然と思う」「自分と向き合う」「業務に喜びを見出す」です。このために、MSW 個人としては、30 歳ごろまでは集中して基本を繰り返し、自ら課題を見つけて取り組み、成長を支援する存在に気付き取り込み、能力をわずかに上回る業務に挑戦していきま

す。

　これに対し、上司・組織は所属員のモチベーションの喚起に努め、具体的な見通し・目標を提示し、計画的な部署内研修と部署内相談体制を組み、ときには責任ある仕事を任せてみます。これらの MSW 個人と上司・組織の取組みにより、SOC が高まり、SOC が高まることで目標が達成へと導かれます。

※　杉山明伸・保正友子・楢木博之・大口達也「医療ソーシャルワーカーの Sense of Coherence とその関連要因の検討」『立教大学コミュニティ福祉学部紀要』第20号，1-18頁，2018年に基づき執筆しました。

■引用文献
1)山崎喜比古・戸ヶ里泰典・坂野純子『ストレス対処能力SOC』有信堂，3頁，2008年
2)A・アントノフスキー，山崎喜比古・吉井清子監訳『健康の謎を解く──ストレス対処と健康保持のメカニズム』有信堂，23頁，2001年
3)V・E・フランクル，霜山徳爾訳『夜と霧──ドイツ強制収容所の体験記録』みすず書房，183頁，1961年
4)浅賀ふさ『ケースヒストリーの要点』川島書店，iv頁，1971年

■参考文献
・蛯名玲子『困難を乗り越える力──はじめてのSOC』PHP研究所，2012年

❸ SOC の事例

　マツモトさんは経験2年目のMSWです。勤務先は関東の地方都市にある140床の療養病院で、相談室では経験20年ほどのMSW2名と退院支援看護師1名と一緒に働いています。室長のMSWがユーモアあふれる人であるためか、相談室内は冗談が飛び交う、穏やかな雰囲気を醸し出しています。退院支援看護師はあくせくと退院させてはおらず、主にベッドコントロールを担っています。マツモトさんは東北出身で、初めて生活する街への不安もあったのですが、室長たちの人柄のおかげもあり、今は落ち着いて仕事ができています。

　業務については独り立ちしているとはとてもいえませんが、ルーティン・ワークでしたら一通りできるようになりました。県MSW協会の同じブロックには大学病院、一般急性期系病院、リハビリ病院、精神科病院、在宅療養支援診療所などの医療機関があり、それらには同年輩のMSWも働いていて、ブロックでの研修会の後に居酒屋で互いの近況を話し合ったりしています。それぞれの病院の魅力と大変さを認識しますが、自分の性格には今の病院が合っていると思っています。

　ただし、最近、患者・家族の話すことの意味が分からず反応に窮していると、患者たちが話を切り上げてしまい、よそよそしい空気が流れることを自覚するようになりました。また、患者・家族が話の流れから当然のように期待していることに気付けず、がっかりされる機会も増えてきました。自分が生まれ育った土地ではないのですから、ローカルな話題を振られても分かるはずもないですし、高齢患者の昔話も自分が生まれるずっと前の出来事にはコメントしようもありません。そのような言い訳で自分を慰めていましたが、上司との定期面談の際にこの気付きを報告したところ、普段からよく頑張っていると評価してくれたうえで、「私たちは生活を支援する仕事だから、この地域の風土、歴史、社会通念を学ぶのも仕事のうちね」と優しくいさめられてしまいました。たしかに、マツモトさんは業務後や休日は出かけることもなく、自宅でネットやゲームに興じて、ダラダラと過ごすことがほとんどでした。

　マツモトさんは、まず、市の図書館に行き、この地域に関する本を3冊借りました。図書館のなかには地域を特集するコーナーがあり、しばらくはここに通うことになりそうです。また、休みの日は散歩したり、自転車でちょっと遠出してみたりなど、自分が住んでいる街の様子を知るように心がけようと、今までよりは計画的に過ごすようになりました。先日、患者が、昔従事していた仕事について話した際、本から学んだ知識で返答したら、「若いのによく知っているね！」と言われ、非常に話が弾みました。

第**3**章
続ける
ための
ストレス
マネジメント

　イノウエさんは経験6年目を迎えたところです。400床の精神科病院で、スーパー救急、精神科急性期治療、精神一般、精神療養などの病棟がありますが、イノウエさんは地域移行機能強化病棟（60床）を2名の先輩と受け持っています。院内12名の精神保健福祉士のうち、イノウエさんは経験年数としては下から4番目です。相談室の室長は経験30年のベテランで、県の精神保健福祉士協会の役員も務めています。

　比較的長期に入院している患者の退院支援は、必ずしも計画どおりの展開にはなりませんが、他職種や地域機関と連携しつつ、なんとか社会復帰に結びつくことができたときは大いに達成感を覚え、やりがいを実感する仕事です。室長は「自分の若かったころはこのような制度がなく、働く場所も住む場所も自前で開拓しなければならなかったので、今の時代に働く君たちがうらやましいよ」などと言いながらも、ふだんの仕事をポジティブに評価してくれるのでとても心強く思っています。他の先輩たちも何かにつけて声をかけてくれ、安心して仕事に取り組めるようにサポートしてくれています。

　このところ、著名人が違法薬物を使用して逮捕される事件が続発しています。また、統合型リゾート整備推進法に関連して、ギャンブル等依存症対策基本法も論議されました。イノウエさんはこのような報道に接するたびに、アディクション[1]についてもっと勉強したいと思うようになりました。現在の病院にはアルコールや薬物の依存患者もいますが、専門の治療プログラムを行っているわけではありません。重症の依存患者には専門病院を紹介しています。

　現在のイノウエさんは関心があるだけで、相応の知識・技術が十分ではありませんし、あえて転職しようとまで考えているわけではありません。それでも、私的な時間と費用を使ってアディクションの研修を受講し、AA[2]やDARC[3]の行事にも参加するようになりました。室長には業務外の活動を報告しておいたほうがよいと思って定期面談の際に正直に伝えました。室長は祖父がアルコール依存症だったとして、「アル中は苦手だ」と公言している人ですので、厳しく意見されるものと覚悟していました。しかし、意外にも「病院に依存症病棟をつくる計画がある」とのことで、「希望するのなら準備委員に加える。公費で専門研修に行かせてもよい」とさえ言ってくれました。イノウエさんが言下に願い出ると、室長は「私だったら絶対にイヤだけどね。君がいてくれて助かったよ」と苦笑いしました。

1　直訳は嗜癖（特定のものを好む傾向）だが、精神科領域では薬物や人間関係などの依存症としての意味合いで用いられる。
2　直訳は「匿名のアルコール依存者」で、当事者による断酒会。
3　ダルク。主に当事者によって運営される薬物依存症からの回復を支援する組織。

3 | 相談の場を設定する

キムラさんは経験15年目のMSWで、現在、総病床350の急性期病院で、全般的な業務を行いながら、院内にある緩和ケア病棟（20床）の主担当も務めています。同じ病院にはキムラさんを含め6名のMSWがいて、キムラさんは最年長者としてソーシャルワーカー室の室長でもあります。大学の卒業論文は「緩和ケア病棟のMSWの役割」がテーマで、緩和ケア病棟には以前より関心がありました。実は5年前までは隣県の急性期病院で働いていましたが、現在の職場で求人が出たことを知ったとき首尾よく移籍することができました。前の職場でも最年長の主任でしたので、辞めるときには多少の摩擦がありましたが、思いを貫きました。

緩和ケア病棟関連の仕事は、患者・家族や他院からの相談に応じ、院内を調整して患者・家族に2名の認定医による緩和ケア外来受診を案内し、入院判定会議を経て入院適応とされた患者・家族に入院までの連絡を取り、入院後も患者・家族をフォローしていくというものです。近年は病状が落ち着いていれば、緩和ケア病棟でも退院調整するようになりました。以前より「ホスピス」が増えたとはいえ、いまだ、どの病院にもあるという診療科ではありませんので、この業務に従事でき、非常にやりがいを覚えているところです。

病院自体は二次救急で平均在院日数11日ほど、特に循環器には力を入れていて、冠動脈インターベンションの件数は関東では指折りの実績を誇っています。キムラさんも緩和ケアの仕事だけをしていればいいというわけにはいきませんし、他のMSWも入退院調整や経済的問題、制度・社会資源活用等で忙しく駆け回っています。

ある日、経験2年目のハヤシさんが話を聞いてほしいと申し出てきました。現在のメンバーのなかでは最年少で、誠実に仕事はしているものの、時折、自信なげに見えるので気にはしていました。ハヤシさんは「優しい先輩MSWに囲まれ、地域の急性期医療に貢献している病院で働けてうれしいとは思っているけど、みんな忙しく、業務についてじっくり指導してもらえる機会がなく、自分が今のままの仕事ぶりでよいのか不安でたまらない」と言いました。確かに、入職当時に一通りの仕事を教えたきりで、自分自身の忙しさにかまけて、たまに様子をうかがっていただけでした。キムラさんはまずハヤシさんの希望を確認し、他のMSWにも相談したうえで、朝のミーティングのときに、「みんな忙しいのは分かっているけど、今後、月に1度は相談室としての勉強会を開きたい。また、ハヤシさんには経験12年目のサイトウさんを個別指導者として週に1度は振り返りの機会を設けることにする」と伝えました。ハヤシさんは安心感からか、少し涙ぐんでいるようでした。

シミズさんは経験35年目のベテランMSWで、900床の大学病院で働いています。現在は総合相談センターの副センター長でもあり、他職種の業務管理も担うようになりました。地元の県協会では監事を務めています。MSWはシミズさんを含め8名が配属されています。中途採用者もいますが、MSW歴としては15年、12年、10年、7年、4年、3年、1年という構成です。このうち、15年目は時短勤務中であり、10年目は通常勤務ですが保育所に預けている3歳児の送迎をしています。7年目は、昨年結婚したばかりです。

病院は特定機能病院、地域周産期母子医療センター、地域がん診療連携拠点病院、救命救急センターなどに指定されていますので、MSWは児童虐待防止やがん相談支援関連で、地域の会議や活動に参加し、資格認定研修を受講し、各種学会にも出席しなければなりません。MSWとしては、全国と県のMSW協会の学会や研修会は当然のことながら、加えて社会福祉士会や精神保健福祉士協会の研修などにも参加します。さらに、救急認定ソーシャルワーカーなどの活動や研修および関連学会、医療マネジメント学会などの近年の業務に直結する会議や研修にも出向き、最新の知見を学んでおく必要性を実感しています。

結果的に、年中、平日の業務時間外や土日にもなんらかの研修等が予定されることになります。とはいえ、時短中や小さい子どものいるMSWを研修等に行かせるのははばかられますし、新婚のMSWに負担をかけるのも気が引けます。かといって、経験年数の短いMSWにはまだ荷が重いように思えます。結局、シミズさんはこれらの会議・研修・活動の8割ほどを引き受けてきました。他のMSWはシミズさん任せでよいとは決して思っていませんが、部署内で話し合うこともなく、シミズさんが何とかしてきましたので、口出しするのは遠慮し、実は自分たちはあまり期待されていないのではないだろうかとも思っていました。そしてシミズさん頼みは、このような院外研修などだけでなく、院内の通常業務でも日常的に見られる光景でした。

職場の定年は60歳で、シミズさんはあと3年です。再雇用制度があるとはいえ、業務の引き継ぎも意識するようになりました。この業界では、傑出したMSWが定年退職すると、その医療機関のMSW部門がパッとしなくなることも気にしていました。シミズさんは想定し得る1年間の研修・学会・社会活動などを表にまとめたうえで、相談室の定例会議の際に提示し、各自が担当できるものはどれかと尋ねてみることにしました。MSWたちは、時短中の者から経験年数の浅い者まで、積極的に自分が参加したい、出席したほうがよいと思う会合を申し出ました。その様子は和気あいあいとして、非常にうれしそうに見えました。

② ワーク・エンゲイジメント

❶ 定義

ワーク・エンゲイジメントを高めるチャンス

　仕事を続けていると、ストレスやプレッシャーなどを感じて、心に余裕がなくなりやすくなります。そのようなときに、自分がイメージしていた仕事と、実際の仕事との「ギャップ」を感じることがあります。

仕事の「ギャップ」の要点

- ☐ 本当は、仕事をもっと楽しんで働きたい
- ☐ やりがいを感じる仕事のはずなのに、達成感があまりない
- ☐ 大事な仕事だとは思っているけど、疲れてしまう

第**3**章
続ける
ための
ストレス
マネジメント

　このような「ギャップ」を感じたことはないでしょうか。仕事への期待値や理想が高い人ほど、「ギャップ」が大きくなると考えられます。「どうしてこうなってしまうのか」、「何が問題なのか」など、心の中でくすぶっている「モヤモヤ」について、原因を探し求め、スッキリしたい人もいるはずです。

　では、ここで発想を転換してみましょう。「ギャップ」を感じる状況は、ワーク・エンゲイジメントを高めるチャンスでもあります。そして、ワーク・エンゲイジメントを理解し、高めることができれば、「モヤモヤ」はスッキリします。

　「ギャップ」を「仕方がない」と諦めるのではなく、チャンスだと考えましょう。「MSW の仕事がしたい」という「初心」や「きっかけ」を思い出してみてください。その「初心」や「きっかけ」があるからこそ、「ギャップ」を感じることができます。私たちの「本当はこうしたい」という気持ちの根底には、仕事の原動力となるポジティブなエネルギーが秘められています。

ワーク・エンゲイジメントとは

　「健康を維持し、仕事のパフォーマンスを高めよう」、ワーク・エンゲイジメントは、そういった「動機づけ」を行うための考え方です[1]。健康と仕事のパフォーマンスを両立させて、働きたくなる職場をつくるキーワードとして、近年、着目されています。

表3—1：ワーク・エンゲイジメントの構成する3つの状態

1	熱意	仕事にやりがいを感じている 仕事への深い関与、仕事に対する熱意、挑戦の気持ち
2	没頭	仕事に熱心に取り組んでいる 仕事に集中して時間が早く過ぎる、幸せな気持ちで夢中になる
3	活力	仕事から活力を得ていきいきとしている 仕事への惜しみない努力、粘り強さ

図3—1：ワーク・エンゲイジメントと関連する用語

出典：島津明人編集代表『Q&Aで学ぶワーク・エンゲイジメント──できる職場のつくりかた』金剛出版，29頁，2018年

　表3—1に示した3つがそろった状態がワーク・エンゲイジメントだといわれています。この3つの状態を高めると、仕事を楽しみ、仕事にやりがいを感じ、仕事が重要だと考えるため、「もっと仕事がしたい」と思えるようになります。

　「もっと仕事がしたい」、そのような特徴からワーカホリック（仕事中毒）ではないかと勘違いされることがあります。けれども、楽しんで夢中で働くワーク・エンゲイジメントは、強迫的に働くワーカホリズムとは異なります。

　また、ワーク・エンゲイジメントの反対語は、バーンアウト（燃え尽き症候群）です。ワーク・エンゲイジメントが高ければ、バーンアウトを防ぐことができます。一方、仕事をしていないと不安になるワーカホリックは、限界を超えるとバーンアウトしてしまいます。

ワーク・エンゲイジメントで仕事と職場に好循環を生み出そう

　ワーク・エンゲイジメントが高い人は、状況を落ち着いて広い視野から考えられるようになります。そして、その人の前向きな気持ちが、同僚や上司にも影響を及ぼし、組織全体のワーク・エンゲイジメントが高まります。その結果、チームワークや仕事の質が高まり、好循環が職場にも生まれます。

　今一度、「MSWの仕事がしたい」という「初心」や「きっかけ」を見つめ

なおし、ワーク・エンゲイジメントを高めて、仕事を生き生きと楽しみ、職場の雰囲気も変えていくことができる MSW に成長していきましょう。

❷ MSW にとってのワーク・エンゲイジメント

MSW にとってのワーク・エンゲイジメントとは、MSW にとってのやりがいをもつということと同義ととらえてよいでしょう。

私がこれまでに行った MSW 対象の調査より、やりがいと感じている部分を以下のとおり新人期とベテラン期に分けて抽出しました。

新人期のやりがい

- ・利用者やケースや本、研究会、スーパービジョン等で学びながら、自分の世界が広がり、できることが増えていく。
- ・職場のなかで、自分が行っていることが評価される。逆に今は認められないが、いつかは認められるようになりたい、という思いが原動力になることもある。
- ・モデルになる人（先輩、他職種）と出会い、いつかあんな人になりたいという思いが成長の原動力になる。
- ・一生懸命かかわったことで、相手が良い方向に変わる、感謝される。

ベテラン期のやりがい

- ・学んだことと実践とを結びつけ、さらに自発的に活動を広げていける。
- ・自分をめぐるネットワークができ、周囲から求められ承認される。
- ・それまで習得してきた知識やスキルが応用でき、スムーズで戦略的な業務展開ができる。
- ・後輩の育成により、自ら成長する。
- ・MSW 全体の地位が向上する。

新人期は、目の前の患者・家族に焦点を当てがちであり、自分なりに役に立ちたいと一生懸命に取り組む時期です。十分な自信はなくても、熱意に満ちたかかわりをします。そのため、新人は前にできなかったことができるようになったとか、支援のなかでこういう技術を使えるようになったという、自分を中心としたやりがいを感じることが多いでしょう。

一方、中堅期・ベテラン期になると、組織や地域、制度にまで視野が広がり、物事の多面的な捉え方ができるようになり、アプローチ方法も増えます。また、周囲から信頼されることにより、自信がついていきます。さらに、自分

のことだけでなく部下や部署全体の質を高めることに焦点が移っていきます。

　そのため、MSW全体の地位が高まったとか、病院全体で良いサービスが提供できるようになったなど、もっと大きな視点でのやりがいを感じるようになるといえるでしょう。

　それでは、新人から中堅期にかけてやりがいを感じた4人の事例をみていきます。形は違うけれども、それぞれのMSWが自分の持ち場でやりがいや存在意義を感じ、業務を継続してきていることが分かります。

■引用文献
1)アーノルド・B・バッカー，マイケル・P・ライター編，島津明人総監訳『ワーク・エンゲイジメント』星和書店，3頁，2014年

■参考文献
・島津明人編集代表『Q&Aで学ぶワーク・エンゲイジメント——できる職場のつくりかた』金剛出版，18頁，2018年
・島津明人『職場のポジティブメンタルヘルス——現場で活かせる最新理論』誠信書房，98頁，2015年

❸ ワーク・エンゲイジメントの事例

1 | 新人期の努力が実り家族に感謝される

　ヤマザキさんは就職して2年目に、がんの患者・家族に対して印象に残るかかわりをもちました。患者は末期がんの40代の男性で、幼い2人の子どもと専業主婦の妻の4人家族でした。はじめは患者の傷病手当金の申請書について、妻より「申請書の病名欄にがんと書いてほしくない」という要望についての相談があったことからスタートしたものでした。

　ヤマザキさんは自分が役に立てない感覚が強く、患者が苦しみつらい状況になってきたときに、痛みや病状に対して何もできない気持ちを強くもちました。妻は患者のことでとても悩んでおり、いつもヤマザキさんに声をかけていました。ヤマザキさんは心苦しくて、妻と一緒になって「どうしよう、どうしよう」と右往左往する毎日でした。妻はヤマザキさんに会うと、「これから母子家庭になってしまうのでどうしよう、考えても泣けてきちゃう」と涙を流します。そんな感じで日々二人で考えながら、一つひとつのことについて主治医に会ったり、親戚の協力をもらったりと対応しました。

　最期の1か月前、ヤマザキさんが患者に「私、何もできることがないのだけれど、どうしましょう」と話をしたときに、「毎日、顔を見せてくれるかな」と言われました。行っても何もできないし、日々の様子を聞くことしかできなかったヤマザキさんでしたが、毎日、病室に通いました。そして患者は7月に亡くなりましたが、そのときヤマザキさんには仕事があり、会えないままになってしまいました。病棟から「昨日、亡くなって自宅に帰られたよ」と聞いて、何もしてあげられなかった不全感がずっと残っていました。

　そして10年後、患者の命日に妻が病院に訪ねてきました。妻は、10年経ってようやく病院に来ることができたことや、あのときヤマザキさんが毎日夫のところに顔を出してくれたことが、夫が生きている実感になっていたことについてお礼を言いに来てくれたのでした。

　実はその日はヤマザキさんの誕生日でした。誕生日に妻が「ありがとう」と言いに来てくれたことで、10年間の不全感に報いるために何かしなければならないと決意し、その後ヤマザキさんががん患者に対するサポートをライフワークの一つにするきっかけになりました。また、10年経って自分のあのときの一生懸命さが認めてもらえていたのだということが分かり、やはりMSWの仕事を続けていかなければいけないことを実感したのでした。

第**3**章
続ける
ための
ストレス
マネジメント

　モリさんは数年間勤めた急性期病院から、緩和ケア病棟のある病院に転職しました。まだ緩和ケア病棟が全国的に少ない時期であり、モリさん自身が全国に先駆けて緩和ケア病棟を担当したMSWになったのです。

　そこは、担当した人がみな亡くなる場所だったので、特別な空気が流れており、独特の雰囲気を感じていました。モリさんはそこで一生懸命に仕事をしようと意気込んでおり、多くの時間を割いて業務を行い、夜遅くまで残業もしました。また、そこでは初めてボランティアの育成を行うなど、今まで行ったことのない仕事も課されました。

　一方で、モリさんよりも患者の相談にのっている看護師がたくさんいて、看護師が患者のベッドサイドで長時間悩みを聴く様子を目の当たりにし、MSWとしての自分の役割は何だろうと自問自答するようになっていきます。

　そこでモリさんは、患者に対して「何でも屋になるのはやめよう」と思い、意識的にスタンスを変えていきました。というのは、以前働いていた急性期病院の伝統的な目標は「プロの何でも屋」だったので、「いつでもどこでも365日依頼があればとにかくそれをやり通す」がモリさんのモットーだったのですが、緩和ケア病棟では通用しないことを感じたからです。

　そこでモリさんが考えた役割は、「入院相談係」と「葬式手配屋」でした。モリさんはその病棟に患者が入院するときの窓口だったので、「ここで治療はできないし、しない所です。ここでみなさん旅立たれるのですよ。では、その後についてはどのように考えていますか？」という話をしなければなりません。

　医師や看護師はケアをしながら死に関する話はしにくいのですが、モリさんは入院相談からかかわるため、死に関する話もさらりとできたのです。そのなかで思い残したことや、経済面、生き別れた家族と会いたいということなど、その人の悩みを聴くことを牧師と一緒に行いました。

　それは突き詰めていくと、「どうやって死にたいか」「どのような葬式をあげたいか」という話につながるのでした。そして、その人の意向にそった葬儀の手配を行いました。

　このようにモリさんは、緩和ケア病棟で独自の仕事を見出すなかで、そこにおける自身の存在意義を確認する機会を得て、仕事に専念していったのでした。

3 | 他病院の MSW と信頼関係をつくって協働

　急性期病院で働くイケダさんは、近隣にあるケアミックス病院に対し、リハビリ目的で患者を紹介することが多くありました。しかし、その病院の連携部門のソーシャルワーカーや看護師とは電話でのやりとりをするものの、直接顔を合わせて話す機会はこれまではありませんでした。そのような状況のなか、いくつかの取組みを通して支援の継続をはかり、MSW 同士の円滑な連携ができつつあると感じています。

　取組みの1つ目は、先方の病院を理解するためにイケダさんのほうから出向いて見学させてもらうことです。自分の目で見ることにより、相手の状況が深く分かるようになってきました。また、イケダさんのみならず、毎年必ず新人MSW を連れて見学に行っています。

　2つ目は、転院後も継続した支援を意識した実践を行うことです。その際、イケダさんの病院で解決できなかったことについて、次の病院で「こういうふうにやってほしい」と伝えられるかどうかが大切です。例えば、経済的課題や家族関係の課題がある場合に、先方が考える以上の支援を行うことを心がけて、それを先方にも伝えるようにしました。

　そして3つ目は、先方の病院のニーズに応えられる連携を行うことです。イケダさんの病院では MSW は退院支援を行うけれども、入院窓口にはなっていませんでした。しかし関係性ができてくると、先方からイケダさんに「こういうことで入院させてもらいたいのだけど」という話が来るようになり、そんなときは一次的にイケダさんが窓口になって受入れ調整をしています。即座に本来の窓口に投げるのではなくて、まずは受けることを心がけるようにしています。

第**3**章
続ける
ための
ストレス
マネジメント

　これらのことを行うなかで、最近ではイケダさんの方から無理な依頼をすることがあっても、「イケダさんのお願いだからがんばってみるね」と言ってくれたり、困難事例にも対応してくれるようになりました。また、先方よりイケダさんから紹介した患者がリハビリテーション病棟に移った後の経過についても、報告をもらえるようになりました。

　このように、イケダさんはそれぞれの立場や医療機関の特性を理解しながら、協働した実践を展開できるようになってきていることを実感しており、他の病院との関係形成にも意欲を高めています。

　ハシモトさんは複数人の MSW がいる部署に入職し、周りから手厚く育てられたと感じています。最初の半年は、先輩が張り付いて教育をしてくれて、その後にケースを担当するようになりました。ケース担当後も最初は先輩が張り付いていたけれども、徐々に1人でケース対応をするようになりました。

　ただし、ハシモトさんの部署では毎朝1時間から1時間半のケースカンファレンスを行い、そこで自分が前日に担当したケースを報告し、それに対してみなからスーパーバイズやサポートを受ける体制が整っていました。数年経っても、検討したいケースがあれば、朝のカンファレンスで報告することができます。

　報告した内容に対しては、その方針で良いかどうかを部署全体で検討するため、1人で仕事をしているという感覚はほとんどありませんでした。上司からは、「個人で仕事をしているわけではなく、医療福祉相談室の方針として、たまたま担当者があなただった」と言われていました。

　新人のころはすべてのケース報告が義務づけられていたので、毎朝自信がなく伏し目がちになりながらもケース報告を行い、「あれはどうなの、これはどうなの」と先輩から突っ込まれました。だから、いろいろな視点を身につけていくことを毎日の作業のなかで行ってきたとハシモトさんは感じています。

　さらに、新人のころは全員分のケースカンファレンスの内容をノートに書いていました。分からない言葉やポイントになること、そのケースの問題点は何かをノートに書いており、大量のノートが貯まっていきました。

　そんなことを繰り返してきたハシモトさんにとって、バーンアウトやワーカー業務の疲れを感じた経験はなく、離職を考えたこともありません。常に、「上司が守ってくれるから大丈夫」という感覚があり、何かあればすぐみながフォローしてくれるので、間違っていたとしても翌朝には修正が図れる気楽さがありました。そのようなカンファレンスを毎朝やっていると、途中で「私の考えはまずいのではないか」と思ったときにも、すぐに周囲の人たちに相談がしやすかったのです。

　このように、MSW 養成の確固とした方針がハシモトさんの部署にはあったので、手探りではなくある程度引かれた線路にそって頑張ることにより、ハシモトさんは MSW として必要な視点やスキルを身に付け、成長していったのでした。

❹ ベテランワーカーが語る MSW 業務の醍醐味

　では、最後に 20 年以上の実践経験をもち、管理職についているマツダさんに登場してもらいましょう。マツダさんは MSW 業務の面白さや醍醐味を、次のように語っています。

＊　　　　　＊　　　　　＊

　やはり「現代の社会の縮図のなかに自分がいるな」といつも思っていて、そのなかで、本当に患者・家族に対してできることを常に考えている仕事だなと思います。また、単なる定型業務だけをやれば良い仕事であってはいけないと考えます。人に顔が沢山あるように、やはり援助の中身は定型にはならないので、個別援助と普遍化作業の両方が必要な仕事だと思っています。だから面白いのです。

　今かかわっているこの人のこの話は、他の人にも通じるかもしれない一方で、この人のためだけにやる部分もあります。MSW は、その両方を見て仕事を考えているという意味では、すごく面白い仕事だと思います。

　自分にとっては、いろんな人間のいろんな多面性を見たいというのがソーシャルワーカーになりたかった原点で、そこから成長して何かを残したいと思っていたので、大学を卒業してワーカーになった後の精神的な成長が大きかったと思います。

第**3**章
続けるための
ストレス
マネジメント

＊　　　　　＊　　　　　＊

　さらにマツダさんは、MSW としてのアイデンティティについても以下のように語ります。

＊　　　　　＊　　　　　＊

　ソーシャルワーカーとしてのアイデンティティは、就職した当初は「こうでなくてはいけない」というものを学校で学んで、おぼろげな光を追っているような状態だけれど、それは何かと聞かれたら言えない自分がいました。それが、経験年数を経るうちに徐々に焦点が合ってきて、業務を始めて 15 年程経過した頃から、自信を持って「MSW としてのアイデンティティはこうだ」と言えるようになってきた気がします。自分にとって 15 年目は、医療福祉相談部門のなかで増員して、多様な価値観を持っている人達が同じ職場で働き始めた頃なので、そういうなかでの自分の原点を何度も何度も見直していかないと進められない時期と重なっていました。

＊　　　　　＊　　　　　＊

　山に登れば登るほど、それまでは見えなかった広く大きな景色が見えてきます。MSW 業務も同じです。マツダさんのように長く続けていくことにより、

MSW業務の醍醐味を感じたり、MSWとしてのアイデンティティに確信が持てるようになっていきます。そして、見たこともない新しい「景色」が見えてきます。そのプロセスでは、「より良く生きること」や「その人らしく生活する」とはどのようなことかを、考える機会を与えてくれることでしょう。

　しかし、山登りと同じで、業務を続けるためにはさまざまな苦労や困難を乗り越えていく必要があります。そのためには自分一人の力だけではなく、仲間や先輩、上司の力も借りながら進んでいくことが大切です。求めれば必ず応えてくれる環境が、意外と身近な所にあるのではないでしょうか。

　新人の頃には見えなかった広く大きな景色を見るために、ぜひ長くMSW業務を続けてほしいと思います。

■参考文献
・保正友子「医療ソーシャルワーカーの研究に学ぶ──新人からベテランになると広く大きな景色が見えてきます」『月刊ケアマネジメント』4月号, 28-31頁, 2017年

3 レジリエンス

❶ 定義

レジリエンスは逆境を乗り越える合言葉

仕事をしていると、解決や達成が難しい問題や課題と向き合うことになります。ときには上手に解決できないことも、失敗することもあります。そういった逆境に直面して、以下のような状態を経験したことはないでしょうか。

仕事の逆境経験の要点

- ☐ 物事がうまくいかず、落ち込んでいる
- ☐ 変えられない状況を、受け入れられない
- ☐ 失敗してショックを引きずっている
- ☐ つらい経験をしてへこんでいる
- ☐ 仕事から逃げ出してしまいたい
- ☐ 挫折して、気力を失ってしまった

そのような状態で、「心を強くしよう」、「タフに生きよう」など、周囲から「強くなれ」といわれても、「自分には無理」と考えてしまう人もいるはずです。

しかし、逆境を乗り越えるには、限界まで耐える「強さ」よりも、無理をしないで立ち直る「柔軟さ」が重要です。レジリエンスを理解し、高めることができれば、現実に向き合い、「またがんばろう」と思えるようになります。

「逆境を乗り越えたい」、そのように思ったときには、レジリエンスという合言葉を思い出しましょう。

レジリエンスとは

レジリエンスは、物理学において弾力性を意味する用語でした。そこから転じて、心理学や精神医学において、さまざまな定義で使用されています。総じて、ストレスフルな逆境を乗り越える能力を示す言葉だといえます。

レジリエンスの主な定義

- ・逆境から立ち直る力
- ・逆境を跳ね返す力
- ・逆境にうまく対処する力
- ・逆境のなかで適応していくプロセス
- ・心の回復力、精神的回復力
- ・心の弾力、心のしなやかさ

　レジリエンスが高められた人の共通点として、**表3—2**に示す3つの心理的な特徴が現れるといわれています。

　「逆境に直面しても『感情調整』が行えるので、『肯定的な未来志向』をもつことができ、仕事に対して『新奇性追求』をすることができる」といったストーリーラインを描くことができるとおり、それぞれの特徴は相互に関連し合っているといえます。

　いずれかの特徴が備われば、新しい特徴が芽生えるきっかけになります。したがって、「まずは、自分がどの特徴にチャレンジできそうか」と考えてみることがポイントです。

　なお、レジリエンスを高めることで、副次的に柔軟な考え方ができるようになるため、さまざまな問題に対処し、解決に導くことができるようになります。そして、現実と向き合い、失敗から学ぶたくましさも身につきます。

レジリエンスで仕事の困難に立ち向かう

　MSWの仕事では、さまざまな困難に直面します。レジリエンスは逆境を乗り越える合言葉であると同時に、高めることができれば、困難に立ち向かう度胸がつきます。レジリエンスを高めて、今までとは一味違ったMSWになってみましょう。

表3—2：レジリエンスが高い人の心理的な特徴

1	新奇性追求	・新しいことを求める気持ちがある ・未知のことに興味や関心をもてる ・チャレンジしたいという意欲がある
2	感情調整	・自分の気持ちを、ある程度コントロールできる ・感情に振り回されないように調整できる ・不本意な行動が少なくなる
3	肯定的な未来志向	・これから先にいろいろあっても、何とかなると思える ・基本的には明るく楽しく過ごせると思っている ・将来に対して肯定的で、そのために努力できる

❷ MSW にとってのレジリエンス

MSW がレジリエンスを必要な理由

　MSW を取り巻く環境は目まぐるしく変化しています。医療保険制度改正や診療報酬改定による業務内容の変化、身寄りのない患者や複数の課題を抱えた患者への支援等、容易に解決策がない事例に直面するようになってきています。最近、医療機関に MSW が複数採用されるようになってきていますが、経験年数が少ないにもかかわらず、後輩の指導をしないといけないという状況も起こっています。このようなことから MSW がソーシャルワーク実践を行ううえで、よりストレスフルな状況になっているといえます。そのため MSW は、ストレスフルな状況を乗り越える能力、レジリエンスが必要になるのです。

　ではストレスフルな状況のときにレジリエンスをどうやって身につければいいのでしょうか。レジリエンスは「今までにない能力を身につける」ということではありません。誰もがもっている能力をトレーニングすることで使えるようにしておくことが大切になるのです。スポーツ選手がケガをしてしばらくトレーニングをしないと身体能力が衰えていきます。しかし上達するために意識的にトレーニングを積んでいけば、本来もっている以上の力を身に付けることができます。

第3章
続ける
ための
ストレス
マネジメント

　それと同じようにレジリエンスもトレーニングしなければ、本来もっている能力が弱くなってしまい、ストレスフルな状況になったときに役に立たなくなってしまいます。ですからレジリエンスも普段からトレーニングしていくことで、本来もっている力を発揮できるようにしておく必要があるのです。トレーニングもただ行えば力がつく、ということではありません。スポーツでは、無意味なトレーニングはケガにつながってしまうこともあります。ですから意味のあるトレーニングを意識的に行っていくことが必要なのです。

レジリエンスを高めるポイント

　レジリエンスは普段から意識的にトレーニングが必要である、と述べましたが具体的にどのようにしていけばいいのでしょうか。レジリエンスを高めていくポイントをみていきましょう。レジリエンスを高めるポイントは、①新たな可能性を見つける、②感情のコントロールを図る、③成功体験を重ねる、④他者からのサポートを受ける等があります。一つひとつみていきましょう。

①新たな可能性を見つける

　仕事がうまくいかないとそのことばかりに気をとられてしまうことがありま

す。そうなってしまうと同じところしか見えなくなってしまい、他の視野があることに気づかなくなってしまいます。真正面からしか見ていないと、見えない部分がたくさん生じてしまうということです。

クライエントとの関係がうまくいかないと、そのことばかりを考えるようになってしまう、という体験はないでしょうか。クライエントを偏った見方で理解してしまうことにもなってしまいます。そうではなく、クライエントを真正面だけでなく、別の角度からも見ていくことで、より理解が深まってくるのです。新たな方向性で考えることができれば、クライエントとの関係性も変化していくことにつながります。

②感情のコントロールを図る

MSW は自身の感情がクライエントに影響することを知っています。そのためクライエントとの援助関係を構築するうえで、自身の感情を抑え込んでしまうことがあります。MSW は「感情労働」ともいわれています。「感情労働者」は自身の感情を抑え込んでしまう傾向にあります。しかし感情を抑えこんだ状況が続くと、いつかバーンアウト（燃え尽き症候群）につながってしまうことも考えられます。また、自身の感情のコントロールができなくなってしまうかもしれません。そうなる前に感情のコントロールを図っていくことが大切です。

その方法の一つにマイナスの感情をため込む前に、別のことに意識を向けてプラスの感情を多くしていくことがあります。自分が楽しくリラックスできる活動を行うことで、感情のコントロールを図っていくことができるのです。

③成功体験を重ねる

人はうまくいかないことが続くと、誰しもが自信を失ってしまいます。自信を失ってしまうと、「自分は他の人に比べて能力がない。この仕事に向いていないから辞めたい」と考えてしまうこともあります。私自身も MSW 1 年目のときは、面接で何を聞いていいか分からなくなってしまったり、ミスをして看護師を怒らせてしまったりしたことが続き、毎日のように「もう辞めよう」と考えていました。

しかし 2 年目以降から、1 人の患者が私のことを認めてくれた、という体験があったことで、少し自信をもつことができるようになりました。その後は患者・家族に感謝された、カンファレンスで MSW として発言ができるようになった等の小さな成功体験を重ねていくことで、「この仕事を続けていけるかも」と考えられるようになっていきました。「成功体験を重ねる」といってもそのハードルを高く設定してしまうと転んでしまい、よけいに自信をなくして

しまうかもしれません。ハードルを下げて、小さな成功体験を重ねていくことはレジリエンスを高めることにもなるのです。

④他者からのサポートを受ける

　MSW が同じ医療機関で何十人もいるところは少ないと思います。近年、診療報酬上に社会福祉士が位置づけられたことで、複数名体制になっている医療機関は増えていますが、MSW は職場内にそれほど多くないというのが実情です。医療機関に MSW 1 人という「1 人職場」も存在します。そうすると職場内で他の MSW からのサポートを受けることができないという人もいるのではないでしょうか。職場内では先輩しかいなくて、同じ年代の MSW と話す機会がほしい、と思っている人もいるかもしれません。

　他者からのサポートを受けないままソーシャルワーク業務を行っていると、1 人で問題を抱えてしまうことにもつながります。1 人で抱え込んでしまうとストレスフルな状況になり、レジリエンスが弱まってしまうこともあります。ソーシャルワーク業務を行っていると、どうしていいか分からないことに直面することがあります。このときに、他の MSW や他の職種の人、学生時代の恩師等からのサポートを受けることができれば、ストレスフルな状況を脱却できるかもしれません。

＊　　　　＊　　　　＊

　レジリエンスを高めるポイントの①から④を見ていきましたが、これらを意識して行っていくことが大切です。意識してトレーニングしていけばレジリエンスは高まっていくのです。レジリエンスを MSW にとってもう少し身近なものにしていくために、事例を通して考えていきましょう。

■参考文献
・藤野博・日戸由刈『発達障害の子の立ち直り力「レジリエンス」を育てる本』講談社，2015 年
・島津明人『職場のポジティブメンタルヘルス——現場で活かせる最新理論』誠信書房，2015 年
・小塩真司ほか「ネガティブな出来事からの立ち直りを導く心理的特性——精神的回復力尺度の作成」『カウンセリング研究』35，2002 年
・内田和俊『レジリエンス入門——折れない心のつくり方』ちくまプリマー新書，2016 年
・久世浩司『マンガでやさしくわかるレジリエンス』日本能率協会マネジメントセンター，2015 年
・久世浩司『リーダーのための「レジリエンス」入門』PHP ビジネス新書，2014 年

❸ レジリエンスの事例

　MSW になって1年目のアベさんは、入院患者のイシカワさん（72歳）とその家族（長男）に対して退院後の生活について面接を行いました。この面接で制度の説明がうまくできず、長男から「あなたでは頼りにならない。担当を変えてほしい」と言われてしまいました。アベさんは「申し訳ありません」と謝ることしかできず、その日の面接は終了しました。

　アベさんは面接で家族に言われた言葉がずっと頭に残り、落ち込んでしまいました。そして「自分はMSWに向かない」「辞めたほうがいいのではないか」と考えるようになりました。マイナス感情が強くなったので、同じ職場の先輩であるヤマシタさんに相談しました。ヤマシタさんは一連の出来事について話を聞いて、「なぜ家族はそのようなことを言ったのか考えてほしいな」と話しました。

　その話を聞いたアベさんは「担当を変えてほしい」と家族が言った理由を考えてみました。自分の説明が頼りなかったと感じたのは確かだが、退院後の生活について不安があったので、今後のことを相談したかったからではないか。自分の説明よりも患者や家族が今どのような状況にあるのかを考えることが大切ではないか、と思うようになりました。アベさんは支援の方向性として、イシカワさんや長男の現在の心境や、今後の生活に対する思いを聞くようにしました。

　その後、イシカワさんの病室を訪れたときには体調や気分を確認するようにしました。長男が面会に来たときも必ず自分から訪ね、退院後の生活への思い等について話を伺うようにしていきました。イシカワさんと長男は、2人とも退院して家に戻ることへの不安を強くもっていることが分かりました。そしてこの不安を解消していくための方法を一緒に考えていくようにしました。

　イシカワさんや長男が聞きたいことが分かるようになっていたので、制度の説明も何を伝えればいいのか事前に準備して面接に臨むようにしました。そうすると長男から「最初はあなたの説明がよく分からなくて不安だったけれど、今は少し理解できるようになった。これからどうしていけばいいか、考えることができるようになってきた」と話してくれるようになりました。

　アベさんは失敗だと思った体験を、解釈を変えてクライエント側に目を向けることで思考が変わり、関係性にまで影響を及ぼすことができたといえます。

2 | 楽しくリラックスできる活動で自分をケアする

　介護老人保健施設で支援相談員をしているナカジマさんは、利用者との関係がうまくいかずに悩んでいました。ある利用者がナカジマさんを避けるようになってしまったのです。話しかけても返事がなかったり、挨拶しても目を合わせてくれなかったり、ということが続きました。なぜこの人は自分を拒否するのだろう？　自分が悪いのだろうか？　と思い悩む日々を過ごしていました。

　思い悩みながらも「自分の感情を利用者に出してはいけない」と強く思ったナカジマさんは、その気持ちを抑えたまま仕事を続けていました。感情を見せないように笑顔でその利用者に話しかけるように心がけていました。しかし利用者との関係は変わらず、話しかけても生返事、という状況が続いていました。思い悩んだナカジマさんは「もうこの仕事を辞めたい」と思うようになりました。

　この状況を誰にも相談してこなかったのですが、ある日母親から「最近、笑顔をあまり見ないよ」と言われました。ナカジマさんは最近心から笑ったことがないことに気付きました。そこで少し仕事のことを忘れて、心から笑う機会をつくってみようと思い、最近行ってなかった大好きなスポーツ観戦に出かけるようにしました。ひいきの野球チームを、大声を出して応援することで久しぶりに心から笑うことができました。そのときに、「自分の感情を抑え込んでいて、楽しいという気持ちも鈍くなっていたんだな」と実感しました。

　仕事でうまくいかないことの感情を抑え続けたことで、コントロールができなくなっていたことにあらためて気付くことができました。そこでナカジマさんは、「悲しいという感情も意識的に出してみよう」と考え、感動する映画を観ることにしました。映画はとてもおもしろく、悲しいだけではなく楽しい場面もあり、時には笑い、涙を流すほどの内容でした。映画を通して感情を出すことで、自分がいかに感情を抑えていたのか、に気が付きました。

　利用者との関係で行き詰っていたナカジマさんは、意識的に楽しい活動に参加したり、悲しい感情を出す機会をつくったりすることで、抑えていたものを表出することができました。

　その後は、少しだけ気持ちに余裕をもって利用者に接することができるようになりました。するとそれまで拒否的に感じていた利用者の反応が変わってきたように感じました。ナカジマさんは自分の感情が利用者に伝わっていたのだ、とあらためて気付くことができました。

　イシイさんは回復期リハビリテーション病棟のMSWになって2年目になりました。ケースも担当するようになり、1人で患者や家族との面接、ケースカンファレンスへの参加等を行うことが増えてきました。しかしMSWとしてやっていくことに、常に不安を抱えている状況でした。

　ある日、担当患者のケースカンファレンスに参加したときに、MSWとしての意見を求められ、しどろもどろになり何を言っているのか分からない状況になってしまいました。カンファレンスの途中にもかかわらず、主治医から「MSWは意見をしっかりまとめておくように」と言われてしまいました。落ち込んだイシイさん、もともと人前で話すことが得意ではなかったのですが、よりいっそう苦手意識が強くなってしまいました。

　先輩のオガワさんに相談したところ、「少しずつ人前で話をする練習をしようか。まずは相談室内の会議で自分の意見を発言してみよう。でも必ず事前に何を発言するか準備しておいて」と提案されました。相談室内であればMSWだけの会議になるので、少し気持ちが楽になったイシイさんは、参加する前に必ず自分の意見をいくつかノートに書いておくようにしていきました。会議では少し緊張しましたが、自分の意見をはっきりと言うことができました。会議終了後、オガワさんから「イシイさんの意見、しっかりみんなに伝わっていたよ」と声をかけてもらいました。

　少し自信をもつことができ、その後は相談室内の朝のミーティングでの3分間スピーチにもチャレンジしました。最初は2分で終わってしまうなどうまくいかないながらも何回か繰り返していくうちに3分間で話ができるようになっていきました。内容も、他のMSWから「イシイさんの話、分かりやすかったよ」と声をかけてもらい、人前で話すことへの自信が少しついてきました。

　そして今度は担当患者のケースカンファレンスに参加する際に、事前にMSWの意見を考えておき、会議のなかでそれをはっきりと他職種に言うことができました。会議終了後、主治医から「イシイさん、この前より意見をはっきり言うことができていたね」と声をかけてもらいました。

　小さな成功体験を積み重ね、3年目になると病院を代表して回復期リハビリテーションの現状について、地域の専門職を前にしてプレゼンテーションを行うまで成長しました。今では「人前で話をするのは緊張するけど楽しい」と感じるまでになりました。

4 | 他者からのサポートを受ける

　ケアミックス病院に勤務する MSW のマエダさんは、社会福祉士の資格を取得したことで介護職から配属が変わって半年が経過しました。院内には MSW として 15 年以上勤務しているオカダさんがいて、相談室 2 名体制のなかで働いていました。マエダさんにとってベテランのオカダさんの存在はとても大きく、頼りになる先輩でした。

　しかし年齢が 20 歳近く離れているため、仕事の愚痴や悩みを気軽に相談できる雰囲気はありませんでした。同じくらいの年代の MSW はどんな業務をしているのだろう。少し話がしてみたいと考えるようになりました。

　自分の今やっていることは、MSW として正しいのだろうか？　他のやり方があるのではないか、と疑問に感じるようになったマエダさんは、学生時代の恩師であるハセガワ先生に悩みをぶつけてみました。ハセガワ先生はマエダさんの話に最後まで耳を傾けてくれました。そして「同じ年代の MSW と悩みや普段行っている業務を共有したいのですね」とマエダさんの思いを理解してくれました。そのうえで、「MSW の職能団体に入会し、活動に参加することで他病院の同じ年代の MSW と話ができる」とアドバイスしてもらいました。

第3章
続ける
ための
ストレス
マネジメント

　マエダさんはさっそく県内にある MSW 協会に入会の手続をとり、すぐに経験 3 年目までを対象とする初任者研修に参加することにしました。参加してみると参加者の多くが 20 歳代の人でした。研修ではグループで話し合う機会も多くあったことから、同じグループの人たちに自分自身の悩みを少し話してみました。すると他病院の数名の MSW も「私も同じような気持ちになる」と教えてくれました。これまでは自分だけが悩んでいるのではないか、と考えていたマエダさんは、同じ年代の MSW が自分と同じ悩みをもっていることに気付くことができました。そのなかの一人が、「地域のなかで 20 代くらいの社会福祉士が 2 か月に 1 回集まって、ピアスーパービジョンを行っているけどマエダさんも参加してみますか？」と声をかけてくれました。

　マエダさんは、その後地域内で行っている社会福祉士の集まりに参加してみました。そこは病院だけではなく地域包括支援センターや障害者支援施設、児童養護施設、救護施設等で働いている 20 歳代ばかりの会合でした。そのため雰囲気はとてもよく、何を言っても許される雰囲気がありました。そして社会福祉士として共通の悩みを話す機会もありました。マエダさんは「これからもこの会に参加しよう」と強く思いました。

4 認知コントロール

❶定義

認知コントロールで臨機応変に対応ができるようになる

　実際の仕事では、すぐに判断が求められたり、その場に応じて気持ちを切り替えたり、とっさに対応を変えたり、中止するように指示されたりすることがあります。そのような場面で、以下のような状況を経験したことはないでしょうか。

認知コントロールが求められる状況の要点

□ その場ですぐに判断が求められて、とまどうことが多い
□ 突然の中止指示に、とっさに対処することが難しい
□ 習得したスキルや考え方を、使ってはいけないと言われて悩ましい
□ 思いどおりにいかないことが、気になって仕方がない
□ 矛盾した環境に、すばやく適応することができない

　理解をしていても、迅速な対処を求められて困難さを感じてしまう状況です。または、理解が追いつかず迷いが生じてしまう状況ともいえます。いずれも、常に状況が変動する仕事では、日常的に経験している人も多いと思います。臨機応変な対応が苦手な人にとっては、切実な問題です。

　認知コントロールを理解し、日頃から意識して実践すれば、物事を臨機応変に対応できるようになります。さらに、気持ちの切り替えも行えるようになるため、ストレスに備え、防ぐことができます。認知コントロールは、即時性が求められるため、英語の読解力よりも、英語の会話力に近い能力です。身近なことから、経験を積み重ねて、トレーニングしていくことによって、意識して実践ができるようになります。

認知コントロールとは

　認知コントロールは、気持ちを切り替えて、今やるべき課題に対して、注意や行動を焦点化するための能力です。課題に適応し、臨機応変に対応する力ともいえます。「即座に」「その場で」「すぐに」という切迫した状況において、自らの行動や注意を、いかに軌道修正してコントロールするかが求められます。

日常生活において認知コントロールが行われている場面

　例えば、混雑の中で人を避けて通り抜けるとき、私たちは誰にもぶつからないように、人の動きに注意を払って、軌道修正して行動しています。または、テレビを見ていて緊急地震速報が入ったとき、テレビの内容よりも速報の内容に注意が向き、周囲の状況を確認して、即座に自分の身を守る行動をとります。残りの時間で何をすべきか、臨機応変に対応しなければ命を守ることも、救うこともできません。

　このように、認知コントロールは、日常生活の身近な場面で、何らかの形で発揮している力でもあります。しかし、単純に気持ちを切り替えることが、認知コントロールではありません。

　重要なポイントは、自分の置かれている状況や周囲の状況を把握する「現状把握」です。私たちが感じる戸惑いや不安、悩みや困難性は、現状をうまく把握できていないことから発生します。また、コントロールする注意や行動も、「現状把握」ができていなければ遂行することができません。思考がフリーズして、行動が停止してしまいます。

認知コントロールをストレスへの対処に生かす

　認知コントロールは、仕事上の対応や判断などの場面だけではなく、ストレスに対しても有効です。現状を把握し、取捨選択して、割り切って対応することにより、ストレスを抱えないように対処することができます。ただし、取捨選択し、割り切るためには、仕事に応じた「現状把握」と「ストレスがどのようなものなのか」といったストレスに対する理解が重要です。

　MSW の仕事において、どのように現状を把握すればよいのか、ストレスをどのようなものとして理解すればよいのか、まずはストレスへの対処に生かして、認知コントロールをトレーニングしていきましょう。

❷ MSW にとっての認知コントロール

MSW に認知コントロールが必要な理由

MSW がソーシャルワーク実践を行う際に、クライエントの病状の変化等からその場ですぐに対応することが求められたり、これまでの方向性から急に支援方法を変更したりすることがあります。また、病院の方針とクライエントの意向にズレが生じながらも、その調整を図っていくこともあります。他職種との価値観のズレにより、思いどおり支援ができないということもあります。

MSW は医療機関で疾病を抱えたクライエントとかかわっていく専門職です。そのため病状や、クライエントを取り巻く家族等の状況が変化していくことがあり、MSW は戸惑いを感じながらも、クライエントの課題を解決していくための対応が求められるのです。

このような状況は MSW であれば避けることは難しく、ストレスが生じる場面ともいえます。このようなストレスが生じる場面においては、それを溜め込むのではなく、認知コントロールを意識して実践していくことが必要になるのです。認知コントロールは先で述べているとおり「気持ちを切り替えて、今やるべき課題に対して、注意や行動を焦点化するための能力」になります。このことを具体的にどのように実践していけばいいかみていきましょう。

認知コントロールを高めるポイント

認知コントロールを意識して高めるポイントとして、①ストレスの現状認識を行う、②現状認識後、今行う課題を設定する、③認知の歪みに気付く、④急な対応への対策を事前に準備しておく、の4つが考えられます。一つずつみていきます。

①ストレスの現状認識を行う

MSW がストレスを感じたとき、今起こっている問題ばかりに気持ちが向いてしまい、現状の認識があまりできていないという状況になってしまう場合があります。今の問題ばかりに目が行き、「木を見て森を見ず」という状況になってしまうのです。そうなるとどうしても対症療法に追われ、よけいにストレスが生じてしまうという悪循環に陥ることがあります。

このような状況に陥らないように、MSW は今起こっているストレスの現状を認識していくことが大切です。ストレスの原因が何か、ストレスに対して自身はどのように考えているのか等を整理していくのです。現在行っていることを俯瞰的に見ていく、ということです。

俯瞰的に見ていくための方法としては、スーパービジョンを受けるなどし

て、現在直面していることを言語化していく方法があります。言語化していくことで、自身に起こっている現状を切り離して考えることができ、現状認識が可能になっていくのです。そうすれば対症療法ではなく、今は何が課題で今後どのような支援を行っていけばいいかという援助方針も明確にしていくことができます。

②現状認識後、今行う課題を設定する

ストレスの現状認識ができれば、次に何を行っていくのか課題を明確にしていきます。取り組まなければならない課題が複数あると、何から手をつけていいか分からず、それでストレスを抱えてしまうことになります。そうならないようにするためには、複数ある課題を箇条書きに書き出し、どれを優先的に行う必要があるのか順位を明確にして、何から取り組んでいくかを決めていくことが大切です。そうすることで今行うべき課題を明確にし、まずはその課題に焦点を当てて取り組んでいくことが可能になります。

MSW がソーシャルワーク実践を行う際に、さまざまな課題を抱えているクライエントと出会うことがあります。そのときにあれもこれもやらないと、と考えてしまいがちになります。しかし、同時に解決することは困難で、支援がうまくいかないことでストレスを抱えてしまうこともあります。このようなときに今行うべき課題は何かを考え、それを明確にしてそこから解決を図っていくことで、ストレスを減らすこともできるのです。

③認知の歪みに気付く

MSW として業務を行う際に、自分自身の実践を過小評価し自信がもてないという人もいるのではないでしょうか。私自身も MSW になって 2 年間はそのような思いを抱いていました。しかし自身の実践を過小評価し、自分は駄目だと思い込みながら行う支援はストレスが増えるだけでなく、クライエントにとってもプラスになるとはいえないでしょう。このような状況は認知の歪みといわれています。

認知の歪みがあると、100 点の実践ができなければ、0 点だという極端な考え方をしてしまい、自分はこの仕事を行う価値のない人間だからと MSW を辞めようと思ってしまうこともあります。それはとても残念なことです。そうならないようにするためには、認知の歪みに気付くことが必要になります。

そのために自分の考えの傾向を書き出してみて振り返り、見直してみるという方法があります。書き出してみることで自分の考えが極端に偏っていることに気付くかもしれません。しかし 1 人だけで行うことは難しい人もいます。その場合はスーパービジョン等を通して他者と話をすることで、自身の認知の

歪みに気付くことも可能になります。

④急な対応への対策を事前に準備しておく

　MSW は医療機関で疾患を抱えるクライエントを支援する専門職です。そのため病状の変化等により、急な対応を求められる場面も多くあります。その際に慌てて支援を行ってしまい、結果としてうまくいかなかった、という体験はなかったでしょうか。その際に「自分が無能だから対応できなかった」と自分を責めてしまったり、「急に対応が必要になっても時間はないし、うまくいかないよ」と自分を慰めたりしたことはないでしょうか。いずれの場合も認知コントロールができていないといえます。ではどうすればいいでしょうか。

　急な対応への対策はある程度、事前に予測して準備しておくことが可能です。起こるかもしれないインシデントを予測し、それに対しての対応法を考えておけば、実際に急な対応が求められてもすぐに対処することができます。クライエントに起こり得る変化等を事前に予測し、起こったときにどう対応するかを検討しておく、ということです。こうしておけば急な対応が必要になったとしても、混乱することなく、事前に準備しておいたことを実践していけばいいのです。

＊　　　　＊　　　　＊

　認知コントロールを高めるポイント①から④をみていきましたが、これらをあまり考えないで取り組んでもその意味はありません。これらのことを意識して行っていくことが大切なのです。認知コントロールは特別のものではなく、ふだんの実践のなかで取り組めることばかりです。MSW にとって、もう少し身近なものにしていくために、事例を通して考えていきましょう。

■参考文献
・嶋田博行・芦高勇気『認知コントロール──認知心理学の基礎研究から教育・臨床の応用をめざして』培風館, 2012 年
・菱田哲也・牧野宗永『働く人のためのマインドフルネス』PHP ビジネス新書, 2017 年

❸ 認知コントロールの事例

1 | ストレスの現状認識を行う

　急性期病院で MSW をしているカネコさんは１年目の新人です。福祉系大学で学び社会福祉士を取得して MSW になったのですが、この仕事を続けていくことに不安を感じていました。

　先日もインテーク面接のときにクライエントから「あなたで大丈夫なのか。他の人はいないのか」と言われてしまいました。また別の日に看護師から「MSW の記録は意味が分からない。しっかり書いてほしい」と指摘を受けました。また、自宅退院が決まっていたクライエントが家族の受け入れ困難により、急遽転院先を探さないといけなくなり、カネコさんはどうしていいか分からず、上司のフジワラさんに対応のすべてをお願いしてしまうこともありました。

　このような出来事が続き、カネコさんはますます自信を失い、「私はこの仕事に向いていない」と考えるようになりました。そしてある日、フジワラさんに「MSW に向いていないので辞めようと思っています」と打ち明けました。フジワラさんが「なぜこの仕事に向いていないと思うのですか」と尋ねると、思い詰めた表情で「すべてがうまくできないのは、この仕事が向いてないからだと思います」という答えが返ってきました。フジワラさんは「『すべてがうまくできない』と言うけど、何ができないのか具体的にしてみませんか？」と提案しました。「そんなことしても意味ないのに」と思ったカネコさんですが、フジワラさんと一緒であれば、と考えてみることにしました。

第3章 続けるためのストレスマネジメント

　フジワラさんは「まずは、できていると感じていることを挙げてみましょう。小さなことでいいです」と言うので、カネコさんは「休日以外は休まないで働いています。記録は溜めないで毎日書いています。クライエントや家族に必ず挨拶しています」といくつか挙げることができました。「自分では一つもできていないと思っていたのに、できていることもあるのだ」と気付いたカネコさんはさらにいくつか挙げることができました。

　フジワラさんは「今度は課題を明確にしていきましょう。できるだけ具体的に挙げてみてください」と言うので、カネコさんは「面接のときに分からないことを質問されたらどうしようと思ってしまい、自信がもてないです。記録も他職種の人たちが読むと思うと、どのように書けばいいのか分からなくなることがあります」と具体的に自身の課題を言葉にすることができました。

　できていること、課題に感じていることを言語化したことで、自分自身の現状が見えるようになってきました。

　MSW に向いていないと感じていた１年目のカネコさんですが、自分のでき
ていること、課題に感じていることを言語化することで、自身の現状が見える
ようになってきました。「すべてがうまくできない」と思っていた大きな壁が、
少しずつ小さくなっているように感じました。そこで今度は今取り組むべき課
題を設定していくようにしました。

　上司のフジワラさんは「今挙げてみたものについて、今度はこれからすぐに
取り組む課題を設定してみましょう」と提案しました。カネコさんは「どれも
すぐに取り組まないといけないと思うのですが……」と少し困惑した顔で聞き
返しました。「もちろんすべてをクリアしていく必要はありますが、優先順位
をつけてそこからのほうが取り組みやすいと思いますよ」とフジワラさんが言
うので、今度も一緒に考えてみることにしました。

　カネコさんは「面接でも記録でも、自信がないことが影響しているように感
じます。自信がもてるようになれば、面接も記録も課題をクリアできるのでは
ないかと思います」と考えたことを言葉にしてみました。

　フジワラさんが「そうですか。では、どうやったら自信がもてると思います
か？」と聞き返すと、カネコさんはしばらく考え込みました。そして「基本的
なことができていないから自信をもてないと感じます。学校で学んだ面接や記
録の基本を思い出し、それができるようになると自信がつくと思います」と言
うので、フジワラさんは「大切なことに気づきましたね。では基本をできるよ
うになるためにどうしたらいいですか？」とさらに聞き返しました。

　カネコさんは少し考えて「学校で学んできたことができないのは、それを練
習していないからです。練習してないのにいきなり面接してもできないのは当
然かもしれません」と思ったことを言葉にしました。フジワラさんが「だいぶ
整理ができてきましたね。そうするとこれから取り組む課題は何ですか？」と
あらためて問うと、カネコさんは「学校で学んだ面接の基本を実際に行うこと
ができる、ということを課題にして、そのためにロールプレイ等を通して練習
していきたいです」と具体的なアクションプランまで考えることができまし
た。

　今行う課題を設定したカネコさんは、その後学校で学んだことを再確認し、
相談室内で何度も面接の練習を行いました。そうすると少し気持ちの余裕も出
てきたようで、クライエントから「最近、不安そうな表情をしなくなったね」
と言われました。また、急遽の対応についても余裕をもって、まず何をしたら
いいか冷静に考えて行動することができるようになってきました。

3 | 認知の歪みに気付く

　介護老人保健施設の支援相談員として2年目になるミウラさんは「私はMSWを続ける自信がない」と悩んでいました。経験10年目の先輩支援相談員のナカノさんと2名体制で業務を行っているのですが、「自分はこの仕事の才能がないのではないか」「ナカノさんよりも仕事が遅くて、自分には能力がない」などと考えるようになりました。最近では「私がここにいたのでは、利用者にも他の職員にも迷惑をかけてしまう」「もう辞めたほうがいい」と極端な考えをもつようになってしまいました。

　このままだと退職するしかないと考えたミウラさんは、大学時のゼミのナカガワ先生に悩みを相談することにしました。ナカガワ先生はミウラさんの話をしっかりと聞いて、「今の状況は認知の歪みが出てしまっているね。ミウラさんは『自分は能力がない、迷惑をかけてしまう』という極端な考えになっているから、自分の思考を見直してはどうか」とアドバイスをしてくれました。「認知に歪みがある」と言われたことがショックでしたが、「自分の考えを見直してみよう」と思うようになりました。

　その後、ミウラさんは自分の業務と、そのときの考えを白紙の用紙に書き出してみることにしました。「なぜ自分には才能がないと思ったのだろうか」「なぜ利用者や他の職員に迷惑をかけてしまったと思ったのだろうか」という疑問については「ナカノさんよりも書類の作成等に時間がかかってしまう」「自分に自信がもてないから、迷惑をかけると思ってしまう」と自分の考えの傾向を書き出してみました。

　そうすると「経験10年目のナカノさんが2年目の私よりも仕事が早いのは当たり前のことではないか」「実際に迷惑をかけているわけではないのではないか」と考えることができるようになりました。「自分はこの仕事の才能がない」「辞めたほうがいい」ということは極端なので、時間がかかってでも丁寧に仕事を行うことを意識するようにしました。そうするとMSWとして自分にもできることがある、と考えられるようになってきました。

　認知の歪みに気付き、MSWを辞めようと思わなくなったミウラさんは、ナカガワ先生に報告に行きました。ミウラさんは「今回は辞めることを思いとどまりましたが、いつまた認知の歪みが出てくるか不安があります」と話しました。するとナカガワ先生は、「自分の考えの傾向を自分で気付くことができないこともあるので、他者に話すことで自分を客観的に振り返る方法もある」ということを話してくれました。その後、定期的にナカガワ先生のところで現状について客観的に話すようにしました。

第**3**章
続ける
ための
ストレス
マネジメント

115

　診療所の MSW として 7 年目になるハラダさんは急な対応が求められるときに落ち着いて行動ができないことに悩んでいました。

　クライエントの急変への対応だけでなく、クライエントの家族の変化、虐待や経済的課題への対応等、診療所の MSW においても急な対応を求められることがあります。そのたびにどう対応していいか困惑し、医師や看護師等から「落ち着いて行動するように」と何度か指摘を受けました。何度行っても冷静を保てない状況が続き、ハラダさんのなかでは急な対応への苦手意識が強くなってしまいました。

　「このままではいけない」と感じたハラダさんは、診療所内の会議のときに「急な対応のときに皆さんはどうやって冷静に行動しているのですか?」と疑問を投げかけてみました。すると看護師から「私たちも緊張するときがあります。それでも落ち着いて行動できるのは、慣れもあるかもしれないけど、クライエントの予後を事前に予測しておくからだと思います」と言われました。医師からも「病気の予後だけでなく、リスクも含めて今後のことを考えているから急な対応でもしっかり行動できるのです」と補足の発言がありました。

　ハラダさんは 2 人の発言から、MSW も今後起こり得ることを含めたアセスメントを事前に行っていくことの必要性を感じました。事前に、何が起こり得るか予測しておくことで、急な対応が必要になったときにも落ち着いて行動できるのです。そのためにハラダさんは院内カンファレンスでは今後起こり得るリスク等も内容のなかに含めてほしいとお願いしました。

　その後、診療所内でのカンファレンスにおいて、ケースによって予後予測や今後起こり得るリスクも含めて、これからの支援の方向性を話し合うようにしていきました。最初は医師や看護師の話を聞いていることが多かったハラダさんですが、徐々に MSW として考えられる、今後起こり得るリスクについて発言できるようになってきました。そして急な対応が求められるときにも、事前に考えていたことなので、慌てることなく落ち着いて行動することができるようになりました。

　今後起こり得ることをリスクも含め事前に予測して対策を取っておくことで、実際にそのような事態が起きたときでも落ち着いて行動できるようになることを体感したハラダさんは、急な対応への苦手意識が少なくなってきました。あらためて事前に準備しておくことの大切さを実感しました。

5 逃げる

❶解説

職場を辞める

テレビドラマとしても放映された『逃げるは恥だが役に立つ』は海野つなみによる漫画作品で、海野によりハンガリーの諺だと紹介されました。同意義の諺で「逃げるが勝ち」とか「三十六計逃げるに如かず」などもあるように、洋の東西を問わず、「逃げる」は難局の対処法の一つとして私たちに認識されています。

すでに触れてきましたように、MSW業務には困難な要素が内包されています。それをストレスと感じることは人として正常な反応ですが、その状態が長時間続いたり、キャパシティを超えたりすると心身にダメージを受け、仕事を続けられない事態ともなりかねません。冷静に考えれば、ソーシャルワークだけが人生の選択肢ではありませんし、命を削ってまでやる仕事かどうかは判断の分かれるところです。最も効果的なストレス対処法は敵前逃亡なのかもしれません。

MSWの「逃げる」を「辞める」とすると、逃げ方として、①今の病院もMSWも辞める、②今の病院は辞めないがMSWは辞める、③今の病院を辞めるがMSWは辞めない、などが考えられます。

②は自発的であっても、業務命令であっても、配置転換でMSWが医事課や事務長などに異動することは以前からよくありましたし、いずれ復帰する可能性が残されていますので「逃げる」とは言いがたいものがあります。③は捲土重来（けんど ちょうらい）を期すわけですので、逃げてはいません。①にしても、ずっと辞めるのか、いつか辞めるのか、とりあえず辞めるのか、期間を決めずに辞めるのか、によってニュアンスは異なります。

ですから、退職の「辞める」が「逃げる」とは限らないのですが、ここでは、今の職場を「辞める」を「逃げる」こととして想定したいと思います。

こころの病

こういうときは逃げたほうがよいと想定される筆頭は心身の病気です。病気や障害をもって働いている人はどの職業でも珍しくありませんし、MSWとしては「両立支援」が主要な業務になりましたので、病気・障害と折り合いがつ

第**3**章
続ける
ための
ストレス
マネジメント

いていれば辞める理由にはなり得ません。しかし、入院や療養が業務規程を超えたり、生命の維持が眼前のテーマとなる容態であったりすれば、「無理をしない」対策が現実的に話し合われるようになります。私たちの業界では古越富美恵さんが『終の夏かは』を遺し、病気の克明な経過、それに伴う素直な感情、そして罹患を自分のこととして結末をも受け入れたうえで主体的に生きていく意思を、豊かで冷静な表現をもって教えてくれました。

特に精神科の病気は、統合失調症や気分障害など、最近では神経伝達物質が関連していることが明らかになってきたとはいえ、古くは内因性といわれていたように、原因が必ずしも特定されませんので大いに戸惑う場合があります。抑うつ的になった理由を本人も上司も探そうとするのですが、明らかなエピソードがなければ、原因追求は徒労に終わる可能性が高いといえます。

ただし、例えば、新人が突然うつ病を発症したなら、本人だけでなく上司も驚き、自分に落ち度があったのではないかと自責の念にとらわれるかもしれません。人事担当からパワハラを疑われることもあり得るでしょう。精神病を正しく理解し、やむを得ない事態と受け入れ、冷静に対処するほかありません。

限界的練習

一方、どのような領域であっても、仕事を覚えるときは根を詰める必要がありますので、これへの耐性が求められます。専門性の高さを誇るのであればなおさらです。ジャーナリストのマルコム・グラッドウェル（Gladwell, M.）は、ある分野で成功した人は、その要因の一つとして、例えば1万時間もの長期間にわたって訓練する機会が与えられていたとレポートしました。

また、心理学者のアンダース・エリクソン（Ericsson, K. A.）は芸術大学で学ぶバイオリニストを調査して、傑出した成果の差は練習量にあることを実証しました。ただし、やみくもに練習することではなく、「限界的練習」として、①専門家の能力とその開発方法をもとに設計されたカリキュラムに基づいている、②常に現在の能力をわずかに上回る課題に挑戦し続ける、③技能をいくつかの側面に分け、それぞれに明確に定義された具体的目標がある、④全神経を集中し、意識的に活動に取り組む定期的なフィードバックと、フィードバックに対応して取り組み方を修正することを条件づけました。

いずれにせよ、努力が報われる話ですので安堵するところですが、そもそも、この地道な蓄積を受け入れられない人は「逃げる」ことになるのでしょう。なお、1万時間をMSWに単純に当てはめてみますと、1日8時間勤務だと1250日（3.4年）、週5日勤務で計算すれば250週（4.8年）となります。

新人なら、勤め始めて３年から５年の過ごし方が問われるということです。

ハラスメント

　ハラスメントが横行している職場は躊躇なく「逃げる」べきです。被害者は自分の努力不足としてさらに頑張ろうとしがちですが、こう思うこと自体が支配されている結果です。このエネルギーは次の職場で活用するべきでしょう。ハラスメントとは権力のある人が相手の尊厳を傷つけ操作すること、多くの人が不合理だと判断する行為を指します。

　一人で残業していたら、相談室に事務部長が入ってきて、性的な関係を強要した。上司に現在の業務を報告したら、「学校で何も学んでいない、性格のせいでこんなかかわり方をするんだ」と罵倒された。上司が勧める研修を都合がつかず断ったら、院内で長時間にわたり叱責され、帰宅後も携帯に際限なくメールが届いた。以上はあくまでも例ですが、誰が聞いても気が滅入り、さっさと逃げることに同意すると思われます。

第**3**章
続ける
ための
ストレス
マネジメント

　最近は日常会話のなかでも使われるほど一般的になったためか、「行為を受けた人が不快に感じたらハラスメント」との誤解も目立つようになりました。特に病院は、患者・家族の自己都合を受け入れて当然といわれることが少なからずあります。このようなカスタマー・ハラスメントには組織が毅然たる態度で臨むものですが、これを期待できない職場はリスクマネジメントがききませんので、その場に居続けることが非常に危険です。

　ハラスメントではないけど、こういう上司や同僚と一緒に働かないほうがよいといったケースもあります。上司が自分の仕事を減らすことだけを考えていて、役割分担の基準も思いつきで、制度が新しくなっても勉強せず、組織でMSWに不利な改編があっても戦おうとしないとしたら、ここにいつまで働いても得るものはないと考えるのが普通です。近年、看護師は退院支援、地域連携室は入転院相談、MSWは制度説明などとの分業が珍しくなくなりました。このような病院の組織替えに対して言いなりの上司に部下は歯がゆく思っていることでしょう。

　上司・先輩・同僚が誰一人として専門職の職能団体に入会していない例などは看過できません。私たちにとって、全国と地元都道府県のMSW協会、社会福祉士会、精神保健福祉士協会などで研修を受け、社会活動に関与するのは業務の一部です。新しい知識を得て、客観的に自分の到達点を知り、MSWを社会にアピールしていくことで、私たちは専門職として成長していきます。アメリカの医学教育の基礎をつくったエブラハム・フレックスナー（Flexner,

A.）は、100年以上前に、ソーシャルワーカーの全米大会で「専門職」の基準の一つとして、利他的に活動するような独自の組織をつくることを指摘しました。協会につながっていないと、所属組織に言われるままの仕事になりかねません。これは専門職としての成長を妨げていると認識して、「逃げる」ほかありません。

なお、「辞める」理由の一つに「結婚」があります。これは「逃げる」ことではありませんが、逃げたいと思ったときに、なるべく角が立たないようにする効果がありますので、口実として活用した人もいるかもしれません。

辞めようとするとき、残される職場や業務のことが気になり、つい躊躇してしまうことがあります。MSWであり続ける場合、狭い業界ゆえ患者・家族を通して交流が続く可能性もあるため、妥協できるところは妥協したほうがよいと考えがちです。しかし、辞めた後のことを考える責任は組織・上司にあり、当人ではありません。どうぞ、次のステージを大切にして、去る職場に配慮するような誠実な発想は無用と割り切りましょう。

■参考文献
・海野つなみ『逃げるは恥だが役に立つ1』講談社，2013年
・M・グラッドウェル，勝間和代訳『天才！ 成功する人々の法則』講談社，2009年
・A・エリクソン・R・プール，土方奈美訳『超一流になるのは才能か努力か？』文藝春秋，2016年
・古越富美恵「終の夏かは」『終の夏かは』5-58頁，読売新聞社，1992年
・A・フレックスナー「社会事業は専門職か」M・E・リッチモンド他，田代不二男編訳『アメリカ社会福祉の発達』68-85頁，誠信書房，1974年

❷逃げる事例

　フジタさんは、今春、大学を卒業し、社会福祉士にも合格して、北海道の一般急性期病院（300床）で働き始めました。学生時代にこの病院で実習した際、安定した情緒、深く内省された実習記録、率直な意見表明などで評価が高く、実習指導者から請われての就職でした。フジタさんは高校生のころからストレスが溜まると過食傾向になり、身体に湿疹が出ることがありましたが、生活に困るほどではありませんでした。大学では学業と並行して、弁当屋でアルバイトしながら、ローラーホッケーのレギュラーとして活躍しました。

　職場は実家から電車で1時間ほどでしたが、病院近くにアパートを借りることにしました。先輩MSWは5名いて、どの人も「分からないことがあったら、何でも聞いて」と声をかけてくれる優しい人たちばかりで、実習指導者でもあった室長は冷静さと包容力を併せもつ人でした。ただし、先輩全員が30歳過ぎでしたので、気安く話せる雰囲気ではありませんでした。4月初めは「ま、ゆっくりやっていけばいいよ」という感じでスタートしました。

第3章
続ける
ための
ストレス
マネジメント

　4月後半から、時にうつうつとすることがあり、週末は実家で休んでいました。このころ、先輩から「ちょっと疲れた顔しているね。手伝うことがあったら言ってね」と言われ、申し訳なく感じました。職場では日誌を翌朝に提出することになっていたのですが、5月に入る頃からだんだんと溜まるようになりました。作文は小さいころから好きで、日誌もよく書けていると言われました。しかし、本人としては褒められるほどの内容には思えず、そのギャップをきつく感じるようになりました。朝、提出できなくなっても、上司から叱られることはありませんでした。逆に「連休明けにはそろそろケースをもとうか」と言われ、「あっ、まずい。どうしよう」と焦りを覚えました。最初からできなくて当たり前なのに、こうあるべきという理想が高すぎるようでした。

　5月下旬になると、自分は辞めなきゃダメと思うようになり、先輩たちの会話が自分について噂しているように感じられました。6月初めに実家に帰った際、「もう辞めたい」と相談したら、両親が心配して精神科医に診てもらうことを勧めました。6月下旬、初めて精神科を受診し「うつ病」と診断され、とりあえず1か月休みを取ることになりました。結果的に、それ以降1日も出勤できませんでした。

　その時は、就職以来、皆さんにすごく迷惑をかけ何の役にも立ってないと自分で思い込み、その考えに支配されていました。休職し始めるときには、自分のなかで嫌なことから全部逃げたと思いました。フジタさんは9月末で正式に退職しました。

　ゴトウさんは、5年前、半年だけケアミックス病院（250床）で働いたことがあります。ゴトウさんは九州北部で生まれ育ち、地元の福祉系大学で学び、この病院で勤めはじめました。相談室には40歳代後半の上司と30歳代前半の先輩がいました。

　4月は直前に病院が移転したばかりで片付けなどがあり、MSW業務以外で忙しく働きました。5月に入り、上司から、先輩の面接の同席、脳外科回診の同行、リハビリ室のカンファレンスへの出席を命じられました。出先で自分なりに気になった情報を上司に報告しましたが、特にコメントはもらえませんでした。また、福祉制度を説明したパンフレットを新しくするように指示されたので取り組んでいると、座ってばかりいてもダメだから病棟に行くように言われました。しかし、具体的に何をするのかは教えてもらえず、自分で考えても見当がつきませんでした。パンフレットづくりが進まないでいると、まだできないのかと叱責され、焦る気持ちが増すばかりでした。

　就職以来、業務に関する教育は一切なく、相談室にはマニュアル的なものもありませんでした。上司は自分の面接の同席は許さず、ケース記録も鍵のかかる引き出しにしまわれ、見せてもらえませんでした。

　6月から電話に出てもよいことになりましたが、用件を伝えると「それでは分からない」と言われるだけでした。見かねた地域連携室の事務の方が申し送りの要点を教えてくれましたが、上司あての電話が不在時にあり、先方から折り返し連絡がほしい旨を伝えたところ、「何で私が電話しなければいけないの」と怒られました。ここに至るまでダメ出しだけで、考えるヒントすら与えられず、しだいにどうしたらよいのか分からず、息が詰まっていきました。また自分が相談室に入ると、上司たちがサーっと離れるようなこともありました。

　6月下旬から食事がとれなくなり、7月には、昼は菓子パンを半分程度、夜は数口食べるのがやっとという状態でした。土日はほとんど寝て過ごし、平日も起きているのがつらくなっていきました。しだいに頭が回らない感じになり、気づけば体重が5kg減っていました。8月上旬から仕事を休みがちになり、8月末、上司より「自分でどうするか考えなさい」と言われました。

　病院のなかのことを分からないまま、自分が何を求められているのかを見出せず、この職場で何をやったらいいのかもつかめず、来年もこんな様子だろうか、何年経っても何かができるようになるとは感じられない、もう辞めたいと思い、翌朝、上司に退職を伝えました。結局、ゴトウさんの病院勤務は9月末までで、翌月からは障害者の相談支援事業所で働き始めました。辞めると言った日から食欲は回復しました。

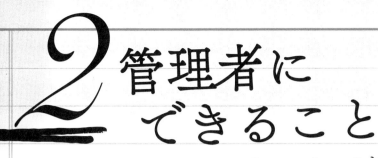

2 管理者にできること

―離職の少ない職場をつくってきた　管理者からの提案

● 管理者でなくても果たすべき役割がある

　本稿では、私が新人や初任者時代に失敗し上司や先輩から指導を受けたこと、支えてもらったこと、中堅やソーシャルワーク部門の管理者となってから体験したことなど、いくつかの事例を交えて初任者・中堅者・部門管理者それぞれに大切にしておきたい視点を述べています。

　病院ごとにソーシャルワーク部門の構造（人員・経験年数・役職者の有無など）や求められている役割は異なりがあると思います。しかし部門という組織である以上、たとえ管理者や役職者がいなくても、組織内のルールや進むべき方針は明確にし、他部門・他機関に自分たちのソーシャルワーク実践を発信していく責任があります。これは管理者だけがやるべき業務ではなく、MSW それぞれが組織の構成員として役割をもち、機能を発揮する必要があります。

　ですから、本稿の目的は初任者・中堅者・部門管理者それぞれの立場である読者が、各々の役割を意識化できるよう事例と解説を用い、組織として成長できるような知見やエッセンスが得られることに主眼を置いています。

　各事例の内容をまとめると、私が初任者時代に上司から指導を受けたこと、私が部下や後輩に指導したこと、つまりスーパービジョンの事例が多くを占めていました。このため解説については、統一した理論的な枠組みとしてスーパービジョンの機能である「管理的・教育的・支持的」の3側面を活用します。また、私の個人的な体験をソーシャルワークの基本的な考え方に般化させるために、クライエント支援やリスクマネジメントのために働きかける対象を「ミクロ・メゾ・マクロ」のレベルに分けて説明します。

　それぞれの事例がどのような領域で作用しているか図で示しましたので、可視化・共有化できるようになるでしょう。もちろん、すべての領域で重なりや濃淡があることもご理解ください。また、事例解説の小見出しはそれぞれのキー概念となります。

1 リスクマネジメント

❶リスクマネジメントの事例

1 | 正確に事実を理解する

　学生時代からMSWになりたくて熱心に勉強を続けてきた新人ソーシャルワーカーのコンドウさんは、上司のMSWに同席してもらいながら、入院患者のムラカミさんの息子と面接を行いました。ムラカミさんは病状が安定し、ようやくトイレまで歩行できたことを、本人も病棟スタッフたちも喜んでいました。もちろんコンドウさんもムラカミさんと毎日のように話をしていたため、自分のおじいちゃんが良くなったようなうれしい気持ちでいました。

　息子との面接が終了し、コンドウさんは上司に「息子さん、退院したら自宅でみたいって言ってくれましたね。ムラカミさんが頑張ってリハビリをやっていたことを分かっていたんですね」と伝えました。上司は、あれ？　と思い「どうしてそう思ったの？」と尋ねました。するとコンドウさんは「息子さんが自宅退院を決めてくれたから、ああやっとムラカミさんが家に帰れるようになったのだな、と思ってよかったなと思ったんです」と言いました。

　上司は息子が自宅退院を決めたことについて、どういう息子の言葉からそう判断したのか聞くと、コンドウさんは「退院したら自宅でみたいって言っていたから」と答えました。上司が、息子はそういう言葉を使っていたか、再度思い出させると「『自宅でみることを考えはじめた』とおっしゃっていたので、自宅退院を考えたと判断した」と言いました。上司は、退院したら自宅でみたいという言葉と、退院したら自宅でみることを考えはじめたという言葉の意味を想像させました。コンドウさんはしばらく考え、似ているけど少し違うと思いました。自宅でみることを考えはじめたけど、まだどうなるか分からないとも想像できました。上司は、ムラカミさんが自宅退院となったと報告したら病棟のスタッフは喜ぶと思うが、もし息子が自宅退院は難しいと言ったら、スタッフは息子に対し「決めたことをすぐに変更してきた」「ちゃんと考えている家族なのか」とマイナスの感情を抱く可能性があることも伝えました。

　MSWの面接はクライエントとの二者関係で行われる場合も多く、面接の内容を正確に理解しないと、MSWによって事実が歪曲されてしまいます。それが患者・家族に不利益を生じさせてしまうおそれをコンドウさんは理解しました。

　ソーシャルワーカーのエンドウさんには苦手に感じる家族がいました。筋萎縮性側索硬化症（ALS）の疑いで入院しているアオキさん（55歳男性）の妻です。アオキさんは会社を経営しており仕事が忙しく責任のある立場にあることからか、転倒が多くなってきたことや、うまく言葉が出なくなってきたことが表に出ないように、なんとか過ごしてきました。しかし周囲の人からも心配され、エンドウさんが勤める病院に精査目的で入院となりました。

　アオキさんは、威厳がありながらも気さくにエンドウさんとの面接に応じてくれ、現在の心境や悩んでいることを丁寧に語ってくれました。しかし、アオキさんの妻は、いかにも社長の妻のように高飛車な態度をとり、毎回自分の言いたいこと、聞きたいことを一方的に話すだけで、正直エンドウさんは妻と話すことが怖くなり、苦手意識をもってしまいました。

　このままでは望ましくないと考えたエンドウさんは、先輩MSWにスーパービジョンをしてほしいと相談しました。すると先輩はまずジェノグラム（家族関係図）を書いて、今の状況を説明することを求めました。**図1**は当初エンドウさんが書いたジェノグラムです。

図1

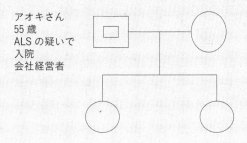

アオキさん
55歳
ALSの疑いで
入院
会社経営者

　先輩は妻の年齢や娘たちはどういう生活をされているのか確認を取りました。エンドウさんは妻の年齢は43歳であることは知っていたものの、娘たちの年齢や生活状況については理解できていませんでした。先輩と一緒に病棟カルテの基本情報を見ていくと、**図2**のようなジェノグラムが記載されていました。

　先輩は「あなたが書いた最初のジェノグラムと、このジェノグラムでは何が違うと思うか考えてみて」と言いました。エンドウさんはジェノグラムが複雑になっており、自分自身が気付かなかったことがたくさん書いてあると思いました。具体的に先輩のサポートを受けながら一つずつ明らかにしていくと、いくつかのことが整理できました。

図2

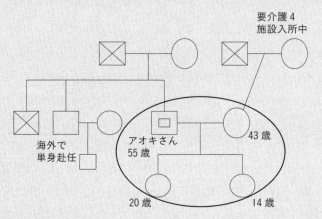

要介護4
施設入所中

アオキさん
55歳

43歳

海外で
単身赴任

20歳

14歳

　①アオキさんと妻は12歳差のある年の離れた夫婦である。②長女は20歳であり計算すると妻が23歳で出産していると考えられた。③23歳で出産している場合、妻は例えば4年制大学卒業と同時に結婚や出産をしている可能性がある。④アオキさんは第三子で母親が存命、長兄は死亡、次兄は単身赴任中である。⑤妻の父親は他界しており、母親は施設入所中である。

　先輩は、妻の目線でこれらのことをアセスメントしてみるとどうなるか投げかけました。

　妻は自分が学校を卒業する前後にアオキさんと結婚し長女を出産している。つまり妻は社会人や職場経験をしたことがない状態で、社長の妻という立場になった可能性がある。夫であるアオキさんがALSという難病の精密検査の状況で、本来一番相談しやすい身内である自分の母親は施設に入所中である。

　次に相談していきたいアオキさんの家族も、次兄は海外単身赴任中で義母や義姉に話ができているか分からないとアセスメントできました。あなたが妻の立場だったらどういう気持ちになる？　と先輩に尋ねられ、エンドウさんは自分だったら夫の病気のことだけでも心配でたまらないのに、会社のことや自分たちの娘のことなども考えないといけない、切迫した環境のなかにある人ということが理解できてきました。エンドウさんは表面的な現象面から妻を怖い人と感じてしまい、批判的に捉えてしまっていたことに気が付きました。

　サカモトさんは急性期病院で働いている2年目のMSWです。ある日医師からサイトウさん（70歳女性独居）の依頼を受けました。医師からの情報では、サイトウさんは7日前に脳梗塞にて入院、左不全麻痺と左半側空間無視があるが、杖歩行可能で室内のADLはほぼ自立。糖尿病による服薬管理が必要で認知症の疑いもあります。

　サカモトさんはさっそくサイトウさんの病室訪問をして自己紹介をすると、「よろしくお願いします。あなたの顔覚えているわ」と言われました。サイトウさんは糖尿病外来通院時に薬剤師が服薬指導する際、同席したことがあり、それを覚えていてくれたようでした。サイトウさんには軽度知的障害があり、難しい言葉はあまり理解できない様子でしたが、周りの友人に助けられながら生活しているようでした。サイトウさんは自宅退院希望でしたが、医師からは「早く次の転院先を探して」と言われてしまい、サカモトさんは施設への退院援助方針で回復期リハビリテーション病棟へ転院相談するしかないと考えました。

　サカモトさんは上司に報告すると「あなたは誰のためにソーシャルワークをしているの？　誰に向かって仕事をしているの？」と言われてしまいました。サカモトさんはサイトウさんが自宅退院希望ということは分かっていました。でも急性期病院としてはこのまま在宅調整をする時間も余裕もなく、独居で認知症で糖尿病がある人で、近親者も協力が得られそうにもない場合は、いろいろな理由を伝えてサイトウさんに納得してもらうしかないのではないかと考えていました。そして、サイトウさんが傷つかないよう丁寧に話をしていくことがMSWの役目だと思っていました。

　しかし上司は、サイトウさんが認知症か知的障害かの確認をすること、今までの生活実態を本人から聴いてくることを指示しました。糖尿病外来の担当医からは自分が診ていたなかでは認知症とは感じていないということで、「入院担当医に話をしてみる」と言ってくれました。また、サイトウさんの在宅生活は仲の良い友人が数人おり、一緒に買い物に行ったり泊まり合うような関係で、民生委員など近所の人も声をかけてくれていることが分かりました。

　その内容を上司に報告すると、一面的な情報では在宅生活困難と感じても、今までの歴史からその人が生きてきた強さを意識すること、インフォーマルを含めた本人を取り巻く環境を支援にいかすこと、がソーシャルワークだと言われました。結果的に回復期病院への転院となりましたが、その際にサカモトさんは申し送りに、もともと軽度知的障害があるが認知症の状況はあらためて評価してほしいことと、インフォーマルなネットワークをすでに有していることがサイトウさんの強みであることを伝えることができました。

第**3**章

続ける
ための
ストレス
マネジメント

　ソーシャルワーカーのフクダさんは悩んでいました。毎日毎日患者や家族と面接をして、多職種・多機関と連絡を取り合っている実感はあります。でも本当の連携ってなんだろう、と考えてしまいます。顔の見える連携というけれど患者を通したやりとりは基本、電話やファクシミリだし、地域の連携会議で集まっても、名刺交換や情報共有をする程度です。上司やMSWの研修会では「横の連携が大切」とよくいうけれど、あんまり実感がもてない、というのがフクダさんの正直な気持ちでした。でも仕事は山ほどあるし、ソーシャルワーク部門のなかで分からないことや地域の資源は聞けばよいので、そこまで他病院や他機関の人とつながっていなくても業務は流れているという気持ちもありました。

　このようななかで、ソーシャルワーク部門が主催する地域連携目的の「オープンホスピタル」という病院説明会を実施することとなり、フクダさんはプロジェクトのメンバーに入るよう上司から言われました。フクダさんは当初このオープンホスピタルに参加するのは、当院をよく知らない医療機関や地域の施設の人で、参加者数もどれくらい集まるか分からないと考えていました。

　しかし開催すると70名以上の参加があり、ふだんフクダさんもやりとりをしている医療機関や施設・地域の在宅サービス機関の人も数多く出席しました。オープンホスピタルでは病院の説明以外にも、法人内介護保険サービスの紹介もし、小グループに分かれて見学も行いました。

　フクダさんは不思議に思い、よく電話でやりとりしている他病院のMSWに話を聞いてみました。すると、「電話だけでは分からないことが実際に来るとリアルに分かるし、パンフレットを使って説明するときに、実感したことを直接伝えられるようにしたいから」と教えてくれました。また、違う人からは「職員の挨拶や表情、病棟のきれいさや匂いを感じ、患者の様子や職員の姿からこの病院が地域で信頼されていることが納得できた」と伝えられました。フクダさんは自分が褒められたわけではないのに、なぜかうれしい気持ちになり、「今日は来ていただいてありがとうございます」と心からお礼を言いました。

　上司との面談のなかでフクダさんは、顔の見える連携やオープンホスピタルを企画した意味が少し分かってきたと話をしました。病院は地域に存在しており、その地域のなかでさまざまな目で見られていること、地域から見たら病院も社会資源の一つであること、地域のなかで何があって何が不足しているのか、地域について考えることもソーシャルワークであると意識するきっかけとなりました。

❷ 解説

クールヘッドとウォームハート—事例1

　読者はこのようなことを経験したことはあるでしょうか？　新人の頃はまだ担当ケース数も少なく、多くの時間を患者や家族に費やすことができます。その分、患者や家族の生活状況・気持ちの両面から、多くの情報を得やすいかもしれません。当然MSW自身の気持ちも深く寄り添うことになり、患者の想いと自分の想いが同調しやすくなります。

　しかしここに大きな落とし穴が潜んでいます。この事例の場合、コンドウさんは息子が自宅に退院させたいと考えているようだと理解しましたが、実際の息子の言葉は「自宅でみることを考えはじめた」でした。こんな間違いが起きるなんてあり得ないと思うかもしれません。でもこうした思い込みからの勘違いは、聞き間違えというよりMSWの願望が言葉の正確な理解を阻害していると考えられます。事例のなかでも「息子さんが自宅退院を決めてくれたから、ああやっとムラカミさんが家に帰れるようになったんだなと思ってよかったなと思ったんです」と、思ったという言葉が多用されています。

　水溜丹都子はケース記録のもつ意味として、「本当に必要な情報を聞き漏らしてはいなかったか、焦点を当てるべきポイントに狂いはなかったか」[1]と客観的な振り返りが不可欠としています。私たちの業務は二者・三者という狭い場面で話を進めていくことが多く、その内容の守秘義務を考慮しながら主治医や病棟に伝えていきます。いわば、クライエントの言動や感情がMSWの言葉を通して広められます。そこで正しい事実と感情の理解ができずに、思い込みや願望から誤った情報が行き渡ってしまったら、患者・家族が不利益を受けてしまうだけでなく、MSWへの信頼も揺らぐこととなります。

　患者・家族は相談援助の専門家として「あなた」を見ています。そして病棟はあなたが病院の窓口として機能することを求めています。MSWは患者・家族と病院の間に入る業務をしています。間に入るというのは、患者と病院との間だけではなく、患者と家族の間、患者と主治医の間、患者と在宅サービスの間、患者と制度の間などたくさんの間があることを理解しましょう。

　この事例は、ミクロレベルの教育・支持的側面が強いと思われますが、チーム医療で求められるMSWの役割を新人に理解させるという意味では、メゾレベルで管理的側面にも及ん

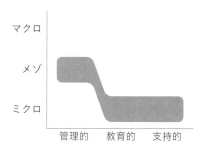

図3—2：事例領域のイメージ

でいると考えられます。新人は自分の立ち位置が理解できず、間に入って右往左往してしまうことがよく見受けられます。部門管理者は新人の意欲や寄り添う気持ち（ウォームハート）と、事実を正確に理解し伝えていくこと（クールヘッド）の両面を身に付けられるように指導していくことが必要です。

苦手意識と批判的意識─事例2

　読者もこのような事例を経験したことがあるのではないでしょうか。MSWが話をしていく相手はクライエントだけでなく、院内外の多職種・多機関の職員もいます。自分にとって話しやすいと、何となくケースもうまくいくように感じますし、相手が怖かったり上から目線で威圧的だったりすると、萎縮してしまいコミュニケーションをとること自体が苦痛になったりします。ともすると自分は一生懸命なのに相手が悪いと、批判的な意識をもってしまうこともあるかもしれません。

　このようなとき、どういった方法や工夫でこのピンチを乗り越えていくでしょうか？　相手がイライラしないように、事前に聞きたいことや話したいことを考えておくことや、電話でのやり取りだったらメモに書いておくことも、一つの有効な方法かもしれません。

　私が大学院の学生だったころ、臨床心理学の授業で先生から「ジェノグラムはできるだけ三世代で書くように」と教えてもらったことがあります。恥ずかしながら私もその時まで、クライエントが成人だった場合は、クライエントを頂点とした二世代のジェノグラムを書いていました。もちろん必要があれば三世代で、と聞いていましたが、ソーシャルワーカーは自分の興味から質問をしてはいけないということも教わっていましたので、クライエントの親や兄弟のことまで聞くことに、二の足を踏んでいたように思います。しかし、事情聴取のような形式的なルーティンな聞き取りではなく、あなたを支援するために、目的のある必要な情報として教えてほしいと説明すると、多くのクライエントは快く三世代のジェノグラムを話してくれます。

　ここからは私たちの専門性を発揮するところです。ジェノグラムの背景から、クライエントの言動をアセスメントしていきます。事例の場合だと、妻が聞きたいことを一方的に話すだけの理由が、もしかしたら社会人・職業人としての経験に乏しく、相談をしたいのに相談できる相手がいない、でもいろいろなことをいっぺんに考えないといけない状況にある、だからとにかく聞きたいことを一方的に話してくるのかもしれないと解釈できます。

　MSWも一人の生身の人間ですし、不完全です。ですから、すべての相手と

話がしやすかったり、容易に良好な関係性がつくれるなんてことはありません。苦手意識は当然もっていて構わないし、苦手意識をもたないように必死にがまんしてストレスを強くしていく必要もありません。なぜ苦手なのかを内省的に考えることから始めていきましょう。

　この例はミクロレベルの支持的側面が大きく、次に教育的側面が挙げられます。部門管理者や先輩は、苦手意識と批判的意識は異なることを念頭に置き、温かく支持していくことが必要です。クライエントの理解を促すためにも、三世代ジェノグラムをスーパービジョンで活用してみてはいかがでしょうか。

図3—3：事例領域のイメージ

クライエントの強みを見つめる―事例3

　誰のために仕事をしているのか。私は何度も言われたことがあります。とても恥ずかしいことです。上司や先輩だけでなく、患者・家族からも、病院の職員からも、他機関の職員からも言われました。とても恥ずかしくて情けなくて、MSW を辞めたくなることが何度もありました。読者の方々はいかがですか？

　そしてさらにつらいのは、病院の職員から「早く退院させて」と言われるのに、違う場面では「もっと患者・家族の気持ちを考えて MSW らしく行動しなさい」と言われてしまうことです。私は医療ソーシャルワーカー協会や専門病院団体のソーシャルワーカー委員会などで、多くの MSW からもこのような話を聞きました。渡部律子は援助職者の守るべき倫理は、クライエントの福利を何にもまして優先することであり、援助者は役割の二重性に気づくことであると教えてくれています[2]。

　事例のサカモトさんも、患者からは「自宅退院したい」と希望され、入院先の主治医からは「早く転院先を探して」と言われてしまいます。このような状況は読者も何度となく経験されていることでしょう。当初サカモトさんは自宅退院を希望している患者を施設への退院援助となってしまうことで傷つかないように、丁寧にかかわろうとします。この時点でいかに丁寧にかかわろうとしても、顔は病院に向かっていることは明らかです。

　病院の方針を、言葉を選びながら優しく丁寧に説明し、最終的には患者が諦めるようにしていくための存在が援助者の役割なのでしょうか。同じ丁寧に患

者と向き合うのならば、本当に独居はできないのか？　というところを起点として考えられないでしょうか。サカモトさんは上司から厳しいアドバイスをもらって、もう一度起点から考えその人の生きてきた背景からその人の強みを見つめることで、在宅復帰も視野に入れた転院支援をすることができました。

　事例3のスーパービジョンの枠組みとしては、ミクロ・メゾレベルの管理的側面が挙げられると思います。MSW部門として質をできるだけ均一化させていくことは組織として保たなければいけないことです。上司までもが病院にとって都合のよい役割を構成員に求めると、最終的にはクライエントだけでなく、その病院からも地域社会からもこの上司とMSW部門は信用されなくなります。

　もちろん、いろいろな考え方の上司がいると思います。しかし、その場合も自分自身でもう一度、私は誰に向かって仕事をしているのか、その人の生きてきた強みも意識しているか、先に諦めようとしていないかを考えてみてください。読者の職場のなかには同じように考えてくれる上司・先輩・仲間がいますか？　いなくても諦めないでください。日本中にこのように考え行動しているソーシャルワーカーがたくさん存在していることを私は知っています。

図3─4：事例領域のイメージ

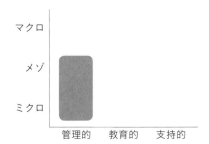

地域から見たら病院も一社会資源─事例4

　最近私が悩んでいることの一つに、MSWの横の連携が薄れてきていることがあります。もう時代遅れなのかもしれませんが、私が初任者のころは分からないことがあると、部門内の上司・先輩だけでなく、他病院のMSWの先輩に連絡をとって、教えてもらったり助言をいただいたものです。今考えると、これは他機関MSWからのコンサルテーションを受けたと考えることができます。

　しかし今は他病院・他機関へのやりとりは患者紹介が主で、相手がどのような専門知識をもっているかは分かりませんし、それを気にする意識も低いように感じます。他病院とのやりとりは、とにかく患者情報を適切に伝え、伝わり合えばそれでよし、分からないことは自分で調べたり、部門内で聞けばよし、連携会議はその病院・施設の様子や空き状況、実際にかかる費用などが分かればよし、などと考えられてはいないでしょうか。

このような考えで連携を捉えてしまったら、顔の見える連携や地域の連携会議って本当に行く意味があるの？　医療ソーシャルワーカー協会が開催する研修会や役員としての活動って役に立つの？　と思われるかもしれません。言い方を変えれば、自院完結型の考えとでも言えるでしょうか。

このように考えている人は、業務が流れるようにとか、滞らないようにとか、うまく出し入れができるように、などの言葉を使っていることが多い印象があります。業務が流れるように、つまり適切な部門運営が図れるようにということでしょうが、万が一でも業務という言葉が患者に置き換えられて使われていないことを願っています。

フクダさんも少しそのように考えていた様子がありました。そこで上司から指示され、オープンホスピタルのプロジェクト員となり、同じ地域のなかで働いている人から生の言葉を聴くことができました。また、単なる紹介先の説明ではなくMSWがクライエントのために行う援助として紹介先の情報を得ることの大切さなどを教わりました。上司としては、同じ地域で働く人のためのオープンホスピタルの企画でしたが、意図としては病院やソーシャルワーク部門が地域を理解するための工夫でもあったのでしょう。

このことは、メゾからマクロレベルへ意識化を促した管理的・教育的側面があると考えられます。どうしてもMSWはミクロレベルの支援、いわゆる個別援助やソーシャルケースワークをすることが主な業務であると認識されています。ミクロ・メゾ・マクロという言葉が一般的になり、言葉自体は初任者であっても理解はしています。しかし3つのレベルを実践化させている人々はどれだけいるでしょうか。一人では難しくても、MSW部門という組織単位で考えると行動に移しやすいと思われます。

図3—5：事例領域のイメージ

部門管理者はプレイングマネジャーであることも多いと思いますが、できるだけメゾレベルの業務を担い、初任者や中堅者はミクロレベルを中心に研修会や連携会議出席でメゾの意識を醸成する、そして部門全体で地域における自院・自部門の役割や不足しているものを明らかにし行政などと協働していく、このようなしくみが地域社会のなかで病院のMSW部門が信頼されていく礎になると考えます。

リスクマネジメント──労務管理とメンタルサポート・新人のフォローの仕方

　このテーマで事例を考えたとき、最終的にはミクロレベルの事例が多いことに気がつきました。新人のフォローという内容が入っているので当然かもしれませんが、やはりそれぞれ職員のフォローやメンタルサポート、労務管理といった側面からすると、「スーパービジョン体制をつくる」ということが管理者として求められる要素の一つだと思います。

　リスクマネジメントがこの稿（「管理者にできること」）の大きなテーマですが、リスクを「辞めてしまうこと」として仮定するならば、やはり「スーパービジョン体制をつくる」ことや、その体制をつくるプロセスを構成員と一緒に歩むこと自体が、リスクのマネジメントになると考えます。

　上述してきた事例のように新人が陥りやすいところは共通性がありますし、誰もが一度は通る道だとも思います。こういった初歩的な内容は部門管理者だけでなく先輩がマンツーマンでサポートすることで、大きな失敗にならないよう、または大きな失敗になったとしてもそれは部門として責任をとり、次につなげられるよう管理・教育・支持していく必要性が高い事例群です。その意味においても、まずはミクロレベルのスーパービジョン体制からつくってみることが始めやすいのではないでしょうか。

　特に新人の場合は教育・支持的側面だけでなく、社会人として組織のなかで働くという意味、仕事のなかにも私たちには権利と義務があること、指示されたことへの報告は自分を守ることでもあるという労務管理的枠組みを理解させていくことこそが、最も重要かもしれません。

　その枠組みのなかで、自分は誰のためにソーシャルワークをしているのかを初任者の段階で身につけさせていくこと、個人で仕事をするのではなく部門という組織で仕事をしていること、だから報告・連絡・相談が重要になってくること、この根幹を揺るがせないようにすることが、リスクマネジメントや新人のフォロー・メンタルサポートにつながっていくと思います。

■引用文献
1）水溜丹都子「第8章　援助の実際（Ⅳ　記録）」日本医療社会事業協会編『新訂保健医療ソーシャルワーク原論』相川書房，205頁，2006年
2）渡部律子『高齢者援助における相談面接の理論と実際　第2版』医歯薬出版，16頁，2011年

■参考文献
・伊丹敬之『経営戦略の論理──ダイナミック適合と不均衡ダイナミズム（第4版）』日本経済新聞出版社，2012年
・関本浩矢編『入門組織行動論』中央経済社，2007年
・日本社会福祉教育学校連盟監修『ソーシャルワーク・スーパービジョン論』中央法規出版，2015年

▶▶

② 職場サポート

❶職場サポートの事例

1 | 医療チームのなかの孤独な一人職種

　MSW の人数は増加傾向にあります。以前は病院の中で 1 人か 2 人で働くことの多かった私たちも、現在では 4〜5 人、多いところでは 10 人以上が MSW 部門に配属され、業務遂行していることも珍しくない状況になってきました。しかし部門の人数は増えたとしても、患者・家族と向き合うときや病棟に行って多職種連携を図っていく際は、それぞれが一人の MSW として動いていくことになります。相談室のなかはにぎやかだけど、実際の仕事では一匹狼・一人職種に近いことが生じています。MSW 部門の管理者であるオオタさんも大人数になってきた部門をどうやってまとめていけばよいのか、一つのビジョンに向かってどう歩み出せるのか考えていました。

　人数が多くなってくるとそれだけ個々の価値観や仕事のやり方も多様になってきます。また、MSW としての経験年数も異なれば、新卒・中途採用など社会人経験や年齢に差も生じます。お互い多様性を認め合っていくことは大事なことですが、そこに MSW としての普遍性や価値の共通基盤がないと、各々の感性や人間観から実践することとなり、部門としての積み重ねや厚みが増していかないおそれが出てきます。

　そこでオオタさんは病院上層部や部門内役職者と話し合いを重ね、病院 MSW だけでなく法人内の通所相談員、ケアマネジャー、地域包括支援センターの職員を相談援助部門としてとらえ、ピアレビュー（peer review：同僚同士の振り返り）という事例検討会を開催することにしました。意図的にグループスーパービジョンではなくピアレビューとして会を行うことにしました。司会はオオタさんがしますが、あとは事例提出者が「出してよかった」と思えるように、それぞれの参加者が意見を言い合えるようにしました。ふだん一人職種に近い形でやっているなかで感じていることや不安なこと、工夫していることなどを語り合っていく形式に主眼を置きました。

　ピアレビューでは誰もが批判をしない、それぞれの発言を発展させて考えるというルールもつくりました。これを全員が守ることで、経験の浅い MSW や介護保険分野未経験者でも、自由に質問し、感じていることを伝え合える土壌が生まれました。その後、ピアレビューで話し合われた内容が、相談援助部門として大切にしていく共通視点として醸成されていく結果につながりました。

第 **3** 章
続ける
ための
ストレス
マネジメント

135

　ニシムラさんは 7 年目の MSW です。この間、いくつかの担当科や病棟で経験を重ね、さらなる MSW 業務に邁進しようと思っていました。ところが部門の方針で在宅部門に異動する提案が言い渡されました。ニシムラさんは大変悔しい気持ちと悲しい気持ちになりました。上司との個別面談のなかで、MSW 業務にやりがいを感じ、後輩の育成にも心血を注いでいることを上司も分かってくれていると思ったからです。どうしてこのタイミングで異動しなければならないのか、MSW の人数が多くなってきて異動が必要な人がいるのは分かるけれど、どうしても前向きに異動を受け入れられませんでした。

　そんなときに相談援助部門全員を対象とする意識調査がありました。主な内容は MSW 業務と在宅部門の業務について、定期的な異動をしてさまざまなソーシャルワークを経験していくことへの調査でした。

　結果としてはメリットとデメリット両方があり、メリットは「さまざまな経験をすることで多職種チームのなかで、幅広い実践知をもとに支援方針を発信し、具体的な提案ができる」「在宅～病院～在宅…と地域のなかでつながっていくクライエントの生活を知ることができ、支援にいかせる」「病院・在宅を経験していると、在宅からも MSW の動きや役割を理解したうえで助言でき、質の高い支援につなげられる」などでした。一方デメリットとしては「異動に伴う担当変更により、クライエントが不安感をもったり信頼関係を崩すことがある」「労働者として考えた場合、労働環境が頻繁に変化することによる負担があるのは事実である」などの意見が寄せられました。

　ニシムラさんはどの意見ももっともで、思い当たることがたくさんありました。そして就職するときに上司から言われた言葉を思い出しました。「就職の面接なのに変だけど、ここで働いていてもっと違うことがやりたい、何か違うと感じたらいつ辞めても構いません。だから逆にここで働いている間はここでしか学べないことは何かを考え、その専門性を高めるように努力してください。部門の仲間になることは大切ですが、自分の質を高めることを考え、違う場所や異なる領域で働きたくなったら教えてください」と言われたのでした。

　ニシムラさんは大きく悩みました。残って新しいことを学べることはあるけれど、病院を移って自分を深めることもできるのではないか。ニシムラさんは退職する決断をし、就職面接での言葉があったから退職を選ぶことができたと上司に伝えました。上司も残念だけれど違う環境で思う存分活躍してほしいと背中を押してくれました。ニシムラさんは意欲をもって次のステップに進むことができました。

3 | 部門内ミーティングやっていますか

　フジイさんは病棟専従の MSW です。一つの病棟を任され日々奮闘しています。フジイさんは、自宅退院の患者は病棟内で多職種がチームとなり支援できているのに、施設退院者については施設選定や退院を進めていくのは MSW 単独の業務と思われていることに、不全感とストレスを感じていました。

　フジイさんは週1回開催されている MSW 部門のミーティングにこのことを相談してみることにしました。すると他の MSW からも、「退院支援の進捗状況を病棟内の担当スタッフに伝えていても、その担当チーム内で共有されず、他の担当スタッフからどうなっているのかを尋ねられる」「施設退院方針になると他職種から『私たちは何をすればよいか MSW が決めて教えてください』と言われ、チームで支援していくという意識が低くなる」「すぐに施設退院できるとの身体的アセスメントがあっても、患者や家族がまだそのような気持ちになっておらず、経済的・社会的問題からすぐに施設見学や申請へとならない場合もあり、それを病棟と共有しにくい」などの意見が出ました。

　上司はこの課題を病院全体の課題として考え、MSW 部門として提起・発信していくことにしました。上司はフジイさんに対し、病棟主治医・看護師長などと相談することはできるか確認し、相談できるということだったので、彼らがこのことをどう感じているか聞いてくるよう指示しました。

　フジイさんを通して、彼らも医師・看護師・セラピストの考え方や経験年数などによって、身体機能面に着目しがちな者、在院日数にこだわりすぎている者、患者・家族の希望に添いすぎている者など、個々に傾向があることを理解していました。そのうえで、MSW も施設退院やチームとの協働に際して、患者中心の支援を実践していることは認めるが、患者・家族とチームとの立ち位置に多少の偏りがあることを自覚する必要があるという見解を示してきました。

　部門内ミーティングでは、他職種もそれぞれ支援の傾向が異なっているということだけでなく、MSW も特徴や偏りがあるとの指摘について話し合いました。これは自分たちのできていること、改善しなければいけないことを明らかにしていく作業となりました。

　「病棟のリーダー職員は、病棟内の専門職一人ひとりを公平に見ようとしてくれていた」「施設退院となると、MSW だけがやらなくてはいけないと思い、よけいにストレスを感じていたかもしれない」などの発言が聞かれ、互いに課題を共有し、改善していく必要性があることを確認しました。MSW 部門と病棟という組織間同士で話し合いをすることで、多職種協働がまた一歩進んだ契機となりました。

第3章
続ける
ための
ストレス
マネジメント

　ソーシャルワーカーのオカモトさんは経験10年目です。病棟でのMSW業務、介護支援専門員の勤務ののち産休・育休となり、その後MSWとして復帰しました。復帰した病棟では、初任者のMSWと二人の担当となり、初任者を育てていくという役割も任されましたが、オカモトさんはあまり自信がありませんでした。今までは一人で働くことが多く、初めての子育てをしながら初任者も教育していくことに不安と負担を感じていました。またオカモトさんは保育園のお迎えなどのため定時終業で、残業をしながらゆっくり初任者と向き合うことも難しい状況でした。そこで上司に相談し、初任者を教育する先輩MSWを中心とした「初任者を育てるプロジェクト」を設け、話し合いをしていくこととなりました。

　プロジェクトでは初任者と組んでいる4人の先輩が入り、①基本的には初任者への個別的な教育・指導は担当する先輩が行う、②初任者⇔先輩の関係性のなかで疑問や困難などが生じた場合はすぐに初任者でも先輩でも管理者に相談できる、③プロジェクトを定期開催し、先輩同士の悩みや教育・指導方法の共有を図る、というルールを策定していきました。

　このなかで初任者たちは疾患や身体のことだけでなく、患者・家族の精神・心理面の深い理解が十分にアセスメントできていないことが分かってきました。そこで同じ事例を使い、バイオ（身体）・サイコ（精神・心理）・ソーシャル（社会）の面から患者を理解していく演習を試みました。「ある日、一人の女性から電話相談が入りました。足腰が弱くなってきて買い物に行くことができなくなってきたという相談です。あなたはどういう情報をもっと聴いていきたいですか？」という内容です。

　この演習を初任者と先輩が一緒に考え、それぞれで話し合いを行いました。すると初任者は買い物に行けないことを課題として考える傾向が強く、今までは一人で行けていたのか？　どういう物を買っていたのか？　買い物場所までの距離はどれくらいなのか？　家族はいないのか？　などソーシャル面が気になっていました。先輩はそれだけでなく、足腰の弱くなった原因はどこにあるのか？　現病歴や既往歴は何か？　家族や支援をしてくれる協力者との関係はどうなっているか？　うつはないのか？　などバイオ面・サイコ面も併せて聴いていくことが多い結果でした。

　オカモトさんも自分と初任者の視点が違うことに気がつき、どのようなところを指導していけばよいか少しずつ分かってきました。これらの演習やプロジェクトを定期開催することで、初任者だけでなく先輩も教育・指導力を身につけ互いに成長できるような体制をつくることができるようになりました。

❷解説

　事例検討会、ケースの振り返り、ケアカンファレンス、グループスーパービジョンなど、読者の職場でも多職種合同の症例検討や、MSW 部門内のケース検討会などが開催されていると思います。多くの医療職で構成されている病院という組織で働いている私たちは、ともすると病院のルールで医学モデルからだけの援助視点を求められる可能性があります。しかし、MSW は人々の生き方やその人らしさから援助を考えていく生活モデルを実践しています。田中千枝子は医学モデルと生活モデルを「LIFE のトータルな把握（医療と福祉の関係性）」として、この相補的関係を下記のように図示しています（**図 3—6**）[1]。

　医療の視点は生命を出発点として、生命・生活・人生へと向かっていくベクトルです。福祉の視点は人生を出発点として、人生・生活・生命へと向かっていくベクトルです。生命だけが重視されることや、人生・その人らしさだけが重視されることがないよう、その人にとって今何が必要なのかを常に考えることが必要です。その中で MSW は医療のなかで生活やその人らしさの視点を、治療や支援に活かす役割を担っています。

　MSW 部門は何を大切にしている専門家集団なのか、これは経験年数を重ねただけでは身についてこない視点です。いわばソーシャルワーカーとしての根幹・根っこの部分なわけで、ここが揺らいでしまうと誰のために働いているの？　と言われてしまったり、「業務を流す」「出し入れする」などという言葉を使ってしまう人々になってしまいます。特に初任者はまだ自分のソーシャルワーク観や専門職としての共通基盤が実感として体得できていないことが多い

第**3**章

続ける
ための
ストレス
マネジメント

図 3—6：LIFE のトータルな把握（医療と福祉の関係性）

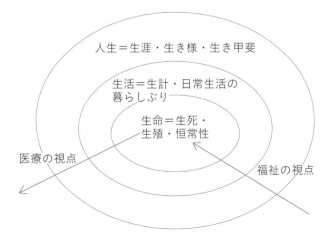

人生＝生涯・生き様・生き甲斐

生活＝生計・日常生活の
暮らしぶり

生命＝生死・
生殖・恒常性

医療の視点

福祉の視点

出典：田中千枝子『保健医療ソーシャルワーク論 第 2 版』勁草書房，15 頁，2014 年

ため、部門管理者の責任としては医療と福祉の相補的関係を理解させていく必要があります。

　この相補的関係とは、どちらが正しい・強い・有用ということではなく、お互いが補い合って人間を援助していく関係性を表しています。だからこそ医療の中心である病院に福祉・生活の専門家であるMSWが存在する意味があるという価値基盤を身につけることが重要です。私はそのうえでこの価値基盤を共有する方法として、事例検討会などを行っていくことが一つの手段と考えました。

　事例検討会のやり方や内容などは個々の部門で作り上げていくものだと思いますが、明確な上司やベテランワーカーが不在の部門では、グループスーパービジョンに近い形式よりは、ピアレビュー形式（同僚同士の振り返り）のほうが始めやすいかもしれません。大切なことは、どのような場合でも事例についての批判をしない、検討会で話し合われたことでこれだけは大切にしていこうという視点づくり・ルールづくりを積み重ねていくことです。それにより

MSW部門の共通基盤も重層的になっていきます。

　この部門管理者の事例は、メゾレベルの管理的・教育的・支持的側面を併せもっている、正に管理者として部門組織を構築していくスーパービジョンプロセスであるといえるでしょう。

図3—7：事例領域のイメージ

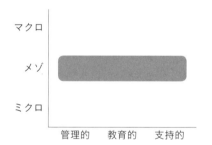

マクロ

メゾ

ミクロ

管理的　教育的　支持的

退職する職員の辞め方を整えるのも仕事—事例2

　多くのMSWは、辞めたくて辞める場合と、辞めたくないけれど仕方なく辞める場合があります。もうどうしようもなくて、ギリギリまで悩み、我慢をしていたり、体調を崩してしまってから退職を選択する人たちだけでなく、結婚や出産・育児・親の介護・パートナーの転勤などさまざまな理由から、辞めたくないけれど辞めざるを得ない人たちもいます。

　ニシムラさんの事例はどちらかというと辞めたくはないけれど退職を選んだパターンかもしれません。もしかすると異動がきっかけとなり、新しいことに取り組みたい気持ちが増したのかもしれません。いずれにせよ、私がいつも考えていたことは、辞めていく職員が少しでも前向きに辞められるよう、その職員の辞め方を整えることも管理者の仕事としていたことです。

　あることにけじめをつけることは、それがどのようなことであれ気を遣い、

体力も消耗し、心労が重なるものです。管理者としては辞めていく職員のフォローと、残された職員の気持ちや業務を一体的に考えるようにしていました。辞めていく職員はどのような背景があったとしても、次の環境に飛び込むことに注力せざるを得ません。しかし、残る職員はその分の寂しさ・ぽっかり空いた穴・新しい業務負担などが生じてきます。もしかしたら温かく送り出すことが難しい気持ちになる場合もあるかもしれません。

　私はどの職員にも就職の面接だけでなく、定期面接やそれぞれのタイミングで「いつ辞めていただいても構いません。次のステップに進みたくなったら、いつでも言ってください。これは全員に言っています。だからこそこの職場で働いている間は、ここでできることを一生懸命考え実践してください」と伝えていました。

　管理者としての責任を放棄している、逃げているように聞こえるかもしれませんが、これはそれぞれが自分の仕事に自覚と誇りをもって働いてほしいというメッセージです。自分の人生は自分でしか決められませんが、そのサポートをするのは部門内では管理者だし、クライエント支援のなかではソーシャルワーカーであることを投影させたものです。

　この事例は、辞めていく職員との関係ではミクロレベルで支持的側面が強いモデルですが、残された職員の部門をどう考えていくかではメゾレベルの管理的側面にもなります。このように人の退職というのはミクロレベルだけでなく、メゾレベルでも管理者は考えるべき課題と位置づけられます。

図3―8：事例領域のイメージ

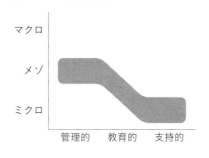

ミーティングをスーパービジョンとして活用する―事例3

　MSW部門の考え方と病院や病棟の考え方が違っていて、とてもやりにくいと感じている人はいると思います。しかしそれは当たり前です。上記で解説したとおり、医学モデルと生活モデルではLIFEへの焦点の当て方が異なる面があるからです。そこで相互補完性を活用し、クライエントも支援チームのなかに入れてその方のニーズを外に出していく外在化・可視化により、統一した支援方針を提示していく必要があります。

　読者の職場でも部門内会議やミーティングをしているところは多いと思います。そこではどのようなことが話し合われているでしょうか？　病院全体から

141

発信されている連絡事項の伝達・共有、部門内外で支障が起きていることへの対応、部門としての事業計画や予算案の作成などもしているかもしれません。

　私が以前調査をしたもののなかに「医療機関におけるソーシャルワーク組織の社会化とスーパービジョン体制の関係性」という職場内スーパービジョン体制を研究したものがあります。これは部門内スーパービジョン体制を構築・定着化させるための方策を考察したもので、ベテラン管理者の方々にインタビューし、内容分析という手法でカテゴリーをまとめました。その一つが「ミーティングをMSW同士の情報共有とグループスーパービジョンとして活用する」というものでした[2]。

　ミーティングというと、どうしても短時間で連絡事項を伝え合うということに主軸を置いているかもしれません。しかしベテランの部門管理者はミーティングの場をMSW全員が集まれる貴重な場としてとらえ、悩んでいることや疑問に感じていることも議題として出させ、課題解決を図っていました。

　私もこの方法をミーティングに取り入れていました。気をつけていたことは、ミーティングという限られた時間であるので、課題解決については緊急でなければ継続審議としながら構成員に役割をもたせ、課題解決のプロセスも共有し可視化していたことです。事例の管理者もフジイさんが専従している担当病棟の主治医や師長など主な役職に経緯を説明し、部門として感じていることを伝える作業、ネゴシエーションもしています。部下任せにせず側面的に支援をするというのも管理者の役割と考えられます。

　この事例もミクロとメゾレベルが両方存在しており、支持的側面が強いと思われますが、ミーティングというものの価値をどこに置くかによって、管理的であったり教育的であったりもすると思います。ミーティングをグループスーパービジョンとして活用することは部門の均質化にも寄与すると考えます。

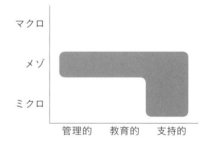

図3—9：事例領域のイメージ

ベーシックな理論を使ってアセスメント能力を高める—事例4

　読者のなかには、オカモトさんのように後輩のお世話役・教育係になった方や、子育てや親の介護で自分の仕事だけに集中できない環境で仕事を続けられるかどうか迷っている方もいるかもしれません。また、まだ部門管理者にはなっていないけれど、役職もないのに中堅ということで新人教育をしなくては

ならない、主任やリーダー補佐にはなったものの体系的にスーパービジョンや指導方法を学んだわけではない、という方もいるでしょう。

この時期はエリクソンの人間のライフサイクルで考えると、成人期初期に該当します。村田孝次は、心理—社会的危機において罪悪感や孤独感といったマイナス感情を身につけやすいが、同時に他者への信頼や親近感や誠実さなどのプラスの感情を含みながら、パーソナリティを深化させて生活の次元を高めていく時期としています[3]。

結婚・子育ての年代は30歳代が多いと考えられ、早い人では親の介護もしています。経験年数としても10年前後の時期といえます。保健師や小学校教員への研究では、この時期は職業へのアイデンティティが低下したり、離職を考えることが多くなる時期であると考えられています。私の研究でも経験7～10年目のMSWは業務を遂行していく得点や連携活動に対する得点が、他の年代に比べ有意に低い傾向がありました[4]。これは中堅職員の危機ととらえることができるかもしれません。このような危機や課題があることを、中堅者だけでなく部門管理者も理解し乗り越える方策を考えることが重要です。

オカモトさんの事例では、自分も自信がないということに対して中堅者としての役割を考えてもらうだけでなく、ソーシャルワーカーとして成長を促すことも念頭に置き、バイオ・サイコ・ソーシャルモデルを活用しました。初任者を育てつつ自身のできていることや、これからどこを頑張っていくかを認知していくためには、グループワークや演習を用いることも有用な手段です。また初任者・中堅者・管理者という二重のスーパービジョンは、中堅者が中間的スーパービジョンとして初任者に日頃の細かな教育・指導を行うため、管理者の業務過多を防ぎ、効率的な部門運営ができると考えられます。

このような体制は、ミクロレベルの教育的側面だけでなく、メゾレベルの管理的・支持的スーパービジョンの要素も大きく、初任者・中堅者の両方に安心感を与え、辞めたい動機づけを軽減させることにつなげられるかもしれません。

図3—10：事例領域のイメージ

第3章
続けるための
ストレス
マネジメント

職場サポート—数々の失敗、転機・働きやすい職場環境づくりに必要なこと

このテーマで事例を考えたとき、メゾレベルの内容が多く思い浮かびました。これらは、新人から中堅や役職者となるプロセスに多く、職業的アイデン

ティティをより強固なものにする時期とも重なると思いました。

　ケースだけを純粋に追い求め情熱をもってソーシャルワーク実践ができる、ある意味とても貴重でうらやましい時期を過ぎ、人間のライフサイクルとしてもさまざまな経験を経ていく30歳代、40歳代は専門家としてどこまでやれるか、どこを目指して人生を歩んでいくか模索する時期でもあります。だからこそ、病院を退職する、いったんMSWから離れてみるなどの選択や転機を迎える人もいるのでしょう。

　このようななかでも、部門管理者としてできることがいくつかあります。数々の失敗や転機を迎えている職員が存在している事実を部門のなかで共有し、組織の同質性と異質性を構成員が自覚することは部門内の貴重な財産となります。組織の同質性と異質性は**図3―11**のような図で表すとイメージしやすいです。

　2つの同じように重なっている円がありますが、右と左では円の重なり具合が異なります。左側は同質性が高い（重なっているところが多い）、右側は同質性が低い（重なっているところが少ない）といえます。これをMSW部門や病院組織として考えるとどうなるでしょうか。

　一見、同質性の高い集団のほうが意思疎通は図りやすく、まとまっていると考えられます。しかし物事にはメリットとデメリットがあります。デメリットを考えた場合、重なりから外れたところがとても気になる、重なりが多い分すべて重なっていかないと安心できない、重なることを強要したがる、といった思考が出てこないでしょうか？

　逆に同質性が低い集団はバラバラにいるかもしれませんが、考え方によっては少ない重なりを大事にすることで、いろいろな考え方があってもよいからこの重なりだけは基本としてしっかり組んでいこうという意識を醸成しやすいかもしれません。福山和女はこの同質性と異質性について、「人と人との差異よ

図3―11：組織の同質性と異質性

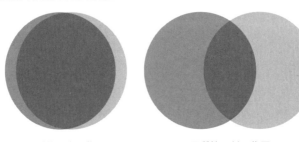

同質性の高い集団　　　　　同質性の低い集団

どちらの方が、まとまりやすいでしょう？

りも、平等・対等が重視され、その結果として人と人とが同質へと限りなく近づけられていく怖さも感じられる」と述べています[5]。

　働きやすい職場環境づくりとは、同質性と異質性を理解し、差異を認め、重なりを大切にする視点を共有することなのではないでしょうか。医学モデルと生活モデル、他職種との関係、新人とベテラン、中堅者の危機などすべてが包括されていると考えます。また、これは MSW 部門のなかだけではなく病院組織のなかで適切に機能していく MSW 部門として、管理者に求められる心構えだともいえるでしょう。

第**3**章
続ける
ための
ストレス
マネジメント

● 離職の少ない職場をつくる

　MSW 部門の管理者は本当に難しい役割で、厳しい仕事をされている方ばかりだと思います。辞めない職場ではなく、離職の少ない職場、そのような職場が最初からできたわけではなく、私自身多くの人たちと一緒につくってきた想いが強くあります。

　では、どうやってつくるのがよいのか。まずは自身の MSW 部門が現時点でどのような構造・役割をもっているのか、部門内ビジョンは何で、構成員みんなで共有できているのか、から考えていくことです。経営学的にもこの考え方はセオリーと考えます。MSW 部門の目標があって、ありたい姿にたどり着くために現状がどうなっているのか分析する。そしてたどり着くための戦略を考えていく。これが離職の少ない職場のつくり方なのかもしれません。基本的なことですが、これができていない、やっていない、適切に機能していない MSW 部門が多いのも現状ではないでしょうか。自分だけがではなく、組織としてどう行動していくかです。

　部門管理者としての反省はマクロレベルへの働きかけが少なかったことです。病院や医療機関は地域から求められている存在で、そこにあること自体が社会貢献であるといえるでしょう。しかし、そこにあること自体が永遠に続くでしょうか？　病院管理者や体制が変わることはありますし、今日的には社会制度や政策が転換している真っ只中です。病院機能も変わらないといけない時代であり、そのなかで業務遂行をする MSW 部門も変わる必要があります。

　どこに顔を向けているのか、まずはクライエントであり、続いて地域社会、病院組織であります。病院組織に迎合せず適切な距離を保ちながら、この 3 方向の軸をしっかりと MSW 部門として見つめていく。そしてありたい姿を構成員と考え、分かりやすく内外に発信していくことが部門管理者に求められる大きな役割と考えます。

■引用文献
1) 田中千枝子『保健医療ソーシャルワーク論 第2版』勁草書房, 15頁, 2014年
2) 榊原次郎「医療機関におけるソーシャルワーク組織の社会化とスーパービジョン体制の関係性」『第16回埼玉県医療社会事業協会学会抄録集』7頁, 2012年
3) 村田孝次『発達心理学史』培風館, 446頁, 1992年
4) 榊原次郎「医療マネジメントに寄与する社会福祉士（SW）の業務構造に関する研究——回復期リハビリテーション病棟をモデルとして」『商大ビジネスレビュー』4 (2), 兵庫県立大学, 146頁, 2014年
5) 福山和女「特集 クライエントの尊厳と理解——ソーシャルワークの視点から（特集にあたって）」『精神療法』31 (5), 金剛出版, 5頁, 2005年

■参考文献
・伊丹敬之『経営戦略の論理——ダイナミック適合と不均衡ダイナミズム（第4版）』日本経済新聞出版社, 2012年
・関本浩矢編『入門組織行動論』中央経済社, 2007年
・日本社会福祉教育学校連盟監修『ソーシャルワーク・スーパービジョン論』中央法規出版, 2015年

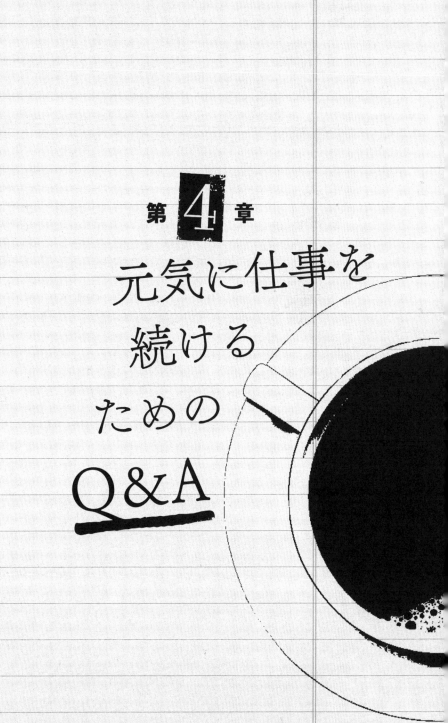

第 **4** 章

元気に仕事を
続ける
ための
Q&A

1 仕事は楽しいけれど自分の時間がもてません

　MSW として真摯にクライエントに向き合うことで業務多忙になり、なかなか自分の時間がもてない人も多いと思います。クライエントに熱心にかかわるほど仕事は楽しく感じるけど、その分自分の時間が少なくなっているのではないでしょうか。MSW として熱心に仕事を行っているからこその悩みだと思います。私自身もこのような傾向があり、今でも悩みの一つになっています。

　このような場合、大切なのは時間を意識することだと思います。具体的には、①毎日の業務の時間管理を行う、②自分の時間を先に確保する、ことです。

　①は、朝出勤したらすぐ、分刻みでその日のスケジュールを明確にしておくことです。「これをやっても、突然の来訪があったり、面接や会議が長引いたりして、スケジュールどおりいかないことのほうが多い」と言う方もいると思います。実際そのとおりですが、スケジュールがないまま業務を行うと、それ以上に時間がかかってしまうこともあります。スケジュールを事前に決めておけば、たとえ予定とは違う業務が入ったとしても、その時間に行おうとしていたことをどこで補うか、すぐに修正可能になります。スケジュールを手帳やパソコンに記入しておいて、常に目で予定を確認できるようにしておくと、時間管理もしやすくなるでしょう。そうやって個人でスケジュール管理を行っていくことで、自分の時間を少しでもつくれるようになるのです。

　②は、例えば今度の木曜日に友人と食事に行く約束をする、今度の休みに家族と旅行に行く等の予定を先に入れておくことです。予定が先に決まっているとそれに合わせた行動を取るようになります。週末に予定があるので金曜日までに記録を終わらせておこう、会議の準備を進めておこうなどと、時間を意識して仕事に取り組むようになるからです。

　このように意識することで、自分の時間をつくっていくことが可能になります。時間は誰しも共通、1日24時間しかありません。どう使うかは、普段から意識していくことが大切です。そうすることで業務の効率化につながっていきます。仕事が楽しいからこそ、自分の時間を確保して仕事と自分の生活を充実したものにしてほしいと思います。時間を意識して、自身の仕事を管理していくことも MSW 業務の一環になるのです。

21 働く地域によって就業の条件は異なりますか

働く地域によって就業の条件は異なるか？　の問いには、異なる分野もあれば異ならない分野もある、という回答になります。

異なる分野では、業務内容や患者層の違い等が考えられます。地域によっても医療機関の種類に違いがあります。例えば都市部においては、急性期病床が多くなり、山間部や温泉地では慢性期の療養病床や回復期のリハビリテーション病棟が多くなります。勤務する病床の種類によって業務内容も変わってくるため、この分野では地域差があるといえるでしょう。患者層も、山間部や温泉地では高齢者が多くなるといった違いが出てきます。

異ならない分野では、給与や休日等の労働条件があります。これらの条件は地域差ではなく、運営主体である法人の差があると考えたほうがよいと思います。近年、一つの法人が全国各地で病院等を経営するようになっています。そのため同法人でありながら、全く違う地域で働いているMSWも多いと思います。同法人では異動等もあるので、地域で労働条件が大きく違えば働き手が偏在してしまうことになります。そのため地域差はあまりないことが多いと思います。現在、看護師や介護士の不足が課題になっている状況のなかで、労働条件は地域差というより、法人差が大きいといえます。

実際、私たちが行ったMSWへの離職に対する調査において、都市部と地方での比較も行いましたが、両者に違いはほとんど見られないという結果でした。調査の結論も、地域差ではなく個人や法人の差が影響していることを指摘しています。

MSWの採用についても地域差はあまりないと感じています。都市部では求人が多く、地方はほとんどないと言われたときもありましたが、社会福祉士が診療報酬に位置づけられて以降、地方においても求人が出るようになってきています。近年では都市部でも地方でもどちらも求人を出しても応募が少ない、と懸念される状況です。

1　楢木博之・保正友子・杉山明伸・大口達也「医療ソーシャルワーカーの業務継続と業務継続中断〜A県協会とB県協会の比較から見えてきたこと〜」第64回公益社団法人日本医療社会福祉協会全国大会（新潟大会）2016年5月

3 { どれだけやっても 仕事にやりがいをもてません

　「仕事にやりがいがもてない」状況のなかでMSWとして業務を続けることはなかなか大変なことだと思います。このまま業務を続けていくとストレスがたまってしまい、その影響がクライエントや家族に出てしまうかもしれません。そして最終的にはMSWを辞めてしまうことにつながるかもしれません。そうならないために、なぜ仕事にやりがいがもてないのか、自分のことを客観的に振り返ることをお勧めします。

　やりがいがもてない理由として、「MSW以外の仕事でしたいことがある」「仕事の成果が見えない」「達成感がない」等いろいろあります。まずその理由を明らかにすることで、その後の対応が変わってきます。

　例えば「仕事の成果が見えない」という理由であれば、自分がこれまで行ってきたことと、その結果を振り返ってみるということができます。行ったこと、その変化を可視化していくのです。成果が上がっていないと思っていたけど、少し変化があったことに気づくかもしれません。また変わっていないけど、現状維持できているのかもしれません。そうであれば行ったことの成果があったといえます。

　「達成感がない」と感じている場合も同様で、客観的に自身の実践を振り返り可視化することで、それまでは見えなかったことを実感できるかもしれません。また、小さな成功体験を見つけていくこともお勧めします。私自身の体験ですが、MSWの仕事は、大きな仕事をして達成感を味わうことよりも、小さな達成感の積み重ねが重要だと思っています。患者の病気が改善した、患者・家族からお礼を言われた、上司に褒められた、医師・看護師からMSWの業務を評価された等、そのときの小さな達成感の積み重ねが、やりがいにつながっていくことになるでしょう。このようにしていくことで「仕事にやりがいがもてない」という気持ちが減っていき、気持ちが変化する可能性もあります。

　「MSW以外の仕事でしたいことがある」と考えている方は、したいことを明確にして、それが実現するのであれば別の選択肢を考えていくことがあってもよいと思います。

　漠然と「やりがいをもてない」と考えるだけでは業務に影響が出てしまい、患者・家族にとってもマイナスです。自身を振り返り、やりがいがもてない理由を明確にすることで、その後の対応を考えていけるのです。

4 ときどき「できない自分」が嫌になるんです

MSW であることに自信がもてず、「できない自分」が嫌になっている人もいると思います。私自身、何回もこのことを感じていました。クライエントの面接がうまくいかなかったり、業務上でミスをして他職種から注意を受けたりしたとき、「できない自分」に愛想が尽き落ち込んでしまう、という経験を何度もしてきました。ではこのようなときにどうすればいいでしょうか。

「できない自分」が嫌になったときの解決方法として、①自分のプラス面を探していく、②小さな成功体験を積み重ねる、ことをお勧めします。

①についてですが、「できない自分」を感じているときはどうしても自分のマイナス面ばかりに目がいってしまいます。そうすると、よりいっそう「できない自分」を感じてしまいます。マイナス面ではなく、自分のプラス面を見つけていくことで気持ちが変わってくることがあります。「理屈では分かるけど、それを行うのは難しい」と思う人がいると思います。「できない自分」と感じているのに、プラス面を見ていくこと自体、簡単ではありません。その際には「他者からプラス面を教えてもらう」という方法もあります。私自身、同僚や上司から自分のプラス面を教えてもらいました。自分では気づいていないプラス面を、他者から教えてもらうことで納得できるし、自信にもつながっていった経験があります。

②は、小さな成功体験の積み重ねが自信につながり、「できない自分」をあまり感じなくなっていく、ということです。小さな成功体験は身近なことでよいのです。例えば、時間内に記録を書くことができた、患者・家族に制度の説明ができた、会議でMSWとして発言できた等です。「できない自分」と感じている人が、ある日突然自信をもって仕事ができるようになることはありません。小さな成功体験を積み重ねて、少しずつ「できない自分」から変化していくことが一番の近道かもしれません。

「できない自分」に嫌になる経験は、MSWを続けていく限りずっと感じるかもしれません。私は今でも「できない自分」を感じて落ち込むことがあります。そのときにプラス面を自分で見つけていく、小さな成功体験を積み重ねることで「できない自分」を変えていくことができるのです。MSWの仕事はこの繰り返しかもしれません。

5 { MSW に向き・不向きは あるのでしょうか

「私は MSW に向かない」と思ったこと、多かれ少なかれ一度はあるのではないでしょうか。では「MSW に向いてない」のはどのような人でしょうか？逆に「向いている」のはどのような人でしょうか？　この問いに明確に回答できる人は少ないと思います。

私の体験ですが、MSW になって 2 年目のころ、事務職員に「お前は MSW に向いていないから看護師になれ」と言われたことがあります。そのときは自分に自信がない時期でしたので、真剣に MSW を辞めて看護師になることを考えたこともありました。この出来事は今でも強烈に印象に残っています。

その後、大学の教員になるまで 16 年間 MSW を続けることになるのですが、以降はいろいろな方から「この仕事、向いているよね」「天職だよね」と言われるように変化していきました。MSW の仕事に向いている、向いていないと判断するのは誰でしょうか。この判断はどうしてもその人の主観が入ってしまうので、人によって違ってくることがあるのです。

MSW に向き・不向きはあるのか？　の問いの回答は「ない」ということになります。「そうはいっても、MSW に向かない人はいる」という人もいると思います。例えば「人とかかわることが苦手な人が MSW の仕事ができるのか」という意見もあります。人とかかわることが苦手な人でも、好きであれば苦手を克服し、続けていくことも可能です。たとえ人とかかわることが苦手で嫌いな人であっても、その気持ちは変化することもあります。苦手に感じていたことが、逆に楽しいと思うようになることもあります。向かないと思っていた人が「この仕事向いているよね」と言われるようになることもあるのです。

それでも変わらなかったら、MSW を続けることは難しいかもしれません。でも MSW に向かないから辞めるという選択は最終的には自分自身で決めてほしいと思っています。そうしないと自身の人生を他者に委ねてしまうことになってしまいます。それでは後悔が残ってしまうでしょう。

MSW を続けていくのであれば、「私はこの仕事に向いていない」と考えるのではなく「向いている」と考えるように努力してほしいと思います。目の前のクライエントは、「この仕事が向いていないと感じている MSW」に自身の厳しい状況を相談することになるからです。クライエント側からいえば、それは避けたいと思うのではないでしょうか。

6 {他職種と楽しく働くコツはありますか

　他職種であっても同職種であっても、人と人との関係という点では、共通しています。つまり、職種以前の信頼関係に基づく人間関係形成が基礎になることは言うまでもありませんので、報告・連絡・相談という基本を踏まえた双方向のコミュニケーションを行うことは大切です。

　とはいえ、他職種とは育ってきた道のりが違うため、ものの見方・考え方や物事へのアプローチ方法が異なり、そこからいくらかの軋轢が生じることもあるでしょう。そんなときどうすればよいのかについて、仕事と仕事以外の面に分けて考えてみます。

　まず仕事面では、他職種と良い関係をもつために必ず守らなければならないことがあります。それは、相手の職種の役割や機能をよく把握し、業務としてどのような範囲を取り扱っているのかという、相手の特性を深く理解することです。そして、その職種が実施している業務に対する越権行為は行わないことが大事です。常識的なことですが、医師が患者に病状を説明する前にMSWが患者に説明することはやってはいけないことですし、それを行う人はまずいないでしょう。そして、他の職種に対してもそれは同じことです。

　そのうえで、双方向のコミュニケーションをとりながら、相手を尊重し、必要なら教えてもらうことも必要になってきます。さまざまな職業の内実や専門性の一端に触れると、ますます相手の仕事に関心が出てきます。とはいえ、それらは相手におもねるということではありません。自律した専門職として、MSWとしての自らの評価を他職種に伝えることや、他職種から反対されることがあったとしても、必要なときにはMSWとしての主張を行うことは必要です。そのようなプロセスを共に歩むなかで、信頼関係が醸成されていくのではないでしょうか。

　そして仕事以外では、他職種の人たちと一緒に何かを行う機会をもつことが大切です。今は、院内のサークル活動や、それ以外で食事をする機会も多いと思われます。私がMSWだったころは、仲の良かったリハビリテーション室のセラピストたちと一緒に、週に一度手話の練習をしていました。また、一緒に英会話を習ったり、仕事でかかわる病棟の飲み会にはよく参加していました。そのようななかで、仕事以外での互いの理解が深まった気がします。探せばきっとほかにも他職種とのいろいろな接点があるのではないでしょうか。

71 経営ばかり気にする管理者に耐えられません

　今はすべての職種にとって、医療機関の経営を抜きにして業務を進めることはできない時代になっています。かつてMSWは、「不採算部門」などという不名誉な呼び方をされる時代もありましたが、今は複数の診療報酬点数に位置付けられてきたため、そのような扱いを受けることは減ってきたといえるでしょう。

　とはいえ、管理者が経営のことばかり口にすると、さすがにうんざりすることもありますよね。開口一番、ベッド稼働率や在院日数について話されたら、「私はそのため（だけ）に仕事をしているのではない！」と言いたくなる気持ちも分かります。そんなときには自分のなかで、患者・家族の権利を守るために譲れない部分と、少し大らかに対応してもよい部分の線引きをしておきましょう。

　昔、私がMSWだったときに、大手金融機関から出向してきた人が病院の事務長でした。当時流行った院内感染に罹患した患者は個室に入ってもらう方針でした。今のように、「医療上の必要がある場合に、個室に入った患者から差額ベッド代を徴収してはならない」（平成30年3月5日保医発0305第6号厚生労働省保険医療課長・歯科医療管理官通知）という規則が明確でない時代でした。しかし、私は事務長に「病院の都合で入ってもらうのだから個室料を取るのはどうか」と交渉したところ、患者の意向を聞いて個室料の徴収を決めることになりました。

　そこで、私が個室に入居した全員と面接をして、事務長との交渉結果を伝えました。すると全員が「個室料は払いたくない」と意思表示し、その旨を事務長に伝えたところ、個室料は徴収しないことになりました。しかし同時に彼は私に向かって、「だから女には経営はわからない！」と吐き捨てるように言ったのです。それでも、必須ではない個室料を支払う必要がないことは、MSWの私にとって譲れない一線だったので、そこはぐっとこらえました。

　一方、少しくらい大らかに処理しても構わない案件も存在するはずです。そんなときには片目をつぶり、経営の話に耳を傾けることもまた必要なのかもしれません。要はその両者の線引きが、自分もしくはMSW部門としてできており、いざとなったらそれが発動できることが大切なのではないでしょうか。

84 どうしたら辞めない気持ちを保てるでしょうか

　この問いを考える前提として、「辞める＝悪いこと」という見方は変えましょう。117頁以降で書いたように、場合によっては「逃げる」ことも必要です。また、現在の職場の水が合わなくても、別の職場では生き生きと働ける可能性もあります。さらに、自分にとってやりがいがありそうな他の仕事があれば、それを選択するのは各人の自由なので、転職を恐れないことも大切なのかもしれません。

　一方で、現在の仕事を辞めないメリットと、辞めることのデメリットも考えてみる必要があります。

　まず、辞めないことのメリットです。慣れた環境で仕事を続けることにより、自分の知識や技術が向上し、専門性が高まることが考えられます。また、同じ職場に長年勤続することで周囲との信頼関係も築けるため、よりスムーズに業務を行うことができます。ひいてはそれらの結果、管理職などに昇進する機会が得やすいといえるでしょう。それは仕事のやりがいだけでなく、給与や待遇面でも安定することを意味します。

　次に、辞めることのデメリットです。次の職場に赴任することは、仕事の基盤を一から作り上げることになります。そのため、新しい環境、新しい人間関係、新しい業務内容に慣れていかなければなりません。個人差はあるものの、新しい環境に慣れるにはおおむね3年かかるといわれています。そうなると、多くのエネルギーを新しい環境になじむことに費やす必要があり、心身ともに気を遣って疲れると同時に、それ以外のことを新しく始めるのは難しくなるでしょう。また、待遇面では新任のときはボーナスが減額されるなど、続けるより不利になる可能性も考えられます。

　以上のことをいろいろと吟味・検討した結果、それでも仕事を辞めるか、続けるか、は自分しだいです。今の職場や仕事を辞めたくない気持ちが強いのであれば、自分一人で考えるのではなく、上司や同僚など信頼できる人と率直に話し合える機会をもつことが大切です。また、職場外でのワーカー同士のネットワークをつくることも大切です。「この人が頑張っているから自分も頑張ろう」と思える関係があるかどうかによって、「ここぞ」というときに踏ん張れるかどうかが変わってくると思います。また、外部のネットワークがあることで、いざとなったときの転職情報も得やすくなるのではないでしょうか。

9 MSWを続けることの意味を教えてください

　MSWを続けることには、さまざまな意味があると思いますが、端的にいうと、「なりたい自分になる」という自己実現のためではないかと考えます。

　ただし、何をもって「自己実現」なのかは人によって異なります。自分自身の知識や技術を伸ばしたいと思う人もいれば、誰もがよりよい社会のなかで生きていけるようにしたい、という大きな理想をもつ人もいるでしょう。また、高額の給料を得て安定した待遇のもとで生活を送りたい、人を管理する立場に就きたい、仕事と家庭のバランスを大切にしたいという人もいるでしょう。

　経営学の研究に「キャリア・アンカー」という考え方があります。すなわち、個人がキャリアを選択していくうえでの指針になるものであり、選択を方向づける価値観を船の錨（アンカー）にたとえたものです。

　キャリア・アンカーは8種類に分かれます。①専門家として能力を発揮したい「専門・職業別コンピタンス」、②経営管理に関心をもち、ゼネラル・マネジャーを指向する「全般管理コンピタンス」、③より自由度の高い新たな仕事に就くことを望む「自律・独立」、④安全で確実と感じられる、ゆったりとした気持ちで仕事がしたい「保障・安定」、⑤最終的な目標は独立・起業の道を選ぶ「起業家的創造性」、⑥世の中のためになるかに重要な価値を置く「奉仕・社会貢献」、⑦挑戦が人生のテーマである「純粋な挑戦」、⑧仕事とプライベートの両立とバランスを考える「生活様式」です。

　私自身のキャリア・アンカーは「専門・職業別コンピタンス」のため、少しでも自分の知識や技術を伸ばして、専門家として大成したいという自己実現の目標があります。仕事を続けることはそれに資することと考えているため、続けていきたいと思っています。そのようにそれぞれの人の価値観やキャリア・アンカーにより、仕事を続ける意味は異なるといえるでしょう。

　91頁以降の「ワーク・エンゲイジメント」で書いたように、仕事を続けることにより、それまでは見えなかった景色が徐々に見えてきます。山の麓と中腹、頂上とでは、景色の見え方が異なります。仕事を続けることで山頂に近づいていくため、それまで見えなかった景色が見えてきます。そんな景色をいつか見てみたいとは思いませんか？

■参考文献
・E・H・シャイン，金井壽宏訳『キャリア・アンカー——自分のほんとうの価値を発見しよう』白桃書房，2003年

10 力のあるMSWになるには何が必要？

MSWの力とは何で、どのような状態になれば「力がある」といえるのでしょうか。私はこれまでの研究のなかで、MSWの実践能力の解明を試みてきました。その実践能力がここでいう力を意味するのではないかと考えています。

私はMSWの実践能力について、「MSWに対する要求や義務を遂行するための、価値・知識・技術を適切に統合して発揮し、各種システムとの関係構築を行い、専門的自己を確立する能力」[1] と定義しました。すなわち、①目の前のケースに適切に対応できる、価値・知識・技術を統合して発揮する側面、②MSWを取り巻く環境を耕し、スムーズな業務が展開できる基盤づくりを行う、各種システムとの関係構築を行う側面、③専門職としてのものの見方・考え方や構えができるようになる、専門的自己を確立する側面、から成り立つものです。

そして、どのようにそれらの力がついていくのかという、実践能力を向上させるきっかけについてもリーダー格のベテランMSWの調査に基づき明らかにしました。その結果、6つの要素が浮かび上がりました。①研修参加やスーパービジョン受講、学校への通学などの「学びの活動」、②初めてのケース・困難ケース・多様なケース等への対応のなかから学ぶ「ケース対応」、③MSWの上司・先輩・同僚・仲間といった「他者からの影響」、④職能団体や研究会・専門職の会活動などの「社会的活動」、⑤その時々の「時代の影響」、⑥異動や職位の変化、後輩の入職などの「職場環境の変化」です。

各人に固有のきっかけもあるのですが、ほとんどが何人かに共通するきっかけでした。そのため、できるだけそのようなきっかけに多く出合うことが、力のあるMSWになる方法なのではないかと考えます。そのためには、積極的にさまざまな活動に取り組み、多様な場に身を置くことが求められます。一人で動くことが難しければ、仲間をつくって一緒に取り組んでみましょう。そのような活動を通してこそ、力のあるMSWに近づいていくのではないでしょうか。

■引用文献
1) 保正友子『医療ソーシャルワーカーの成長への道のり——実践能力変容過程に関する質的研究』相川書房，2013年

第4章
元気に
仕事を続ける
ための
Q&A

11 電話を取らない新人に どう教育したらいい？

「普通、こういうとき、新人はこうするだろう」との年長者の期待が見事に外れるのは電話に限ったことではありません。「こんな常識もないのなら、ソーシャルワークなんてできないだろ」とつい思ってしまう人もいるかもしれません。しかし、"普通"や"常識"の中身はよく吟味した方がよいようです。

　私たちは現任者へのアンケート調査と並行して、退職・離職に至ったMSWに面接調査への協力もお願いしました。その語りからは、仕事への姿勢や先輩・同僚への態度などに、個人特有の行動パターンがあることに気付かされました。例えば「仕事は与えられるもの」として上司からの指示をひたすら待ち、自主性を促されても全く揺るがないように見える新人がいました。

　私のように前世紀から現場にいた者は、先輩から盗むように業務を覚え、自ら申し出て新たな仕事を獲得し、職域を開拓するのが普通と思っていましたので、全く受け身な姿勢には、正直なところ、物足りなさを覚えました。このように個人が自覚せずに習慣化される思考・行為は、かつてピエール・ブルデュー（Bourdieu, P.）が概念化した「ハビトゥス[2]」や、マイケル・ポランニー（Polanyi, M.）が提唱した「暗黙知[3]」を連想させます。

　電話の件や受動的な仕事ぶりは、場面や状況への認識がその人の個性ですので、丁寧に説明しようが、厳しく指導しようが、容易に変化するものではありません。いずれ変化（成長）する可能性はありますが、このプロセスも個性であり、それまでは同じ思考・行為を繰り返します。

　本人が意識しない行動特徴は、時間・内容ともに濃厚に訓練しないと修正は難しく、態度変容を求めるならば、上司が根気強く、集中してかかわる必要があります。つまり、「職業人を育てるのではなく人間を育てる」つもりで、「手取り、足取り、一から教える」ということです。上司としては、かかわり方や教え方に関する意識改革が求められます。これも管理者に求められる適正なリーダーシップの一つと理解してください。とはいえ、いつまでも職場が変化（成長）を待てるとは限りませんので、新人もずっと安穏としていられません。

■参考文献
・P・ブルデュー，原山哲訳『資本主義のハビトゥス──アルジェリアの矛盾』藤原書店，1993年
・M・ポランニー，高橋勇夫訳『暗黙知の次元』筑摩書房，2003年

2　habitus（ラテン語）。社会構造を反映し、世代を超えて習慣化される、本人には自覚されない態度・外観・装い・様子・性質。
3　個人的な経験によって獲得されるも、言語化できない知識。

124 部下からの退職の申し出になんと言う？

　部下から退職を申し出られると、自責の念にとらわれたり、人事担当から管理能力を疑われることもあります。期待を裏切られたような思いにもなりますし、病欠や産休の補充がままならないときだと「なぜ今か」と腹立たしくも感じられます。退職を匂わせつつも仕事への揺らぎの表明などの「相談」でしたら、時間を惜しまず話し合いましょう。しかし、意を決しての「報告」の場合、あちこちに相談したうえでの「結論」でしょうから、翻意を促すことはかなり困難です。まして、給料が安いなどの労働条件が理由でしたら管理部門との交渉には限界がありますし、結婚などによる転居でしたら受け入れざるを得ません。

　原因のすべてが上司にあるわけではありませんが、退職の申し出は部署体制をチェックするチャンスと捉えてはいかがでしょうか。退職理由のなかにいくつかのヒントは見出せるように思います。上司単独ではなく、可能な限り、引き続き勤務する部下や他部署にも協力を仰ぐとより効果的です。ハラスメントが横行していたなどは論外ですが、善意の所業が裏目に出ていたと気づかされることもあります。改善点を共有できることで「撤回」も期待できるかもしれません。私たちの調査では、①上司の配慮や誠実さと部署環境の良し悪しが、職員を尊重する組織運営とワーク・エンゲイジメントに影響すること、②多様で標準化困難な業務という業務内容への認識、の2つの系統が特に退職意向に影響する要素として挙げられていました。

　まずは①に関連して、部下の実践能力を伸ばす機会を保証していたか、適時適正な評価を実施していたか、状況に見合った支援体制を提供していたか、日常的に十分なコミュニケーションをとっていたか、互いを尊重するチームとしての部署運営を心がけていたか、などを確認してみましょう。これらに課題があったとしたら、意気が上がらないのも当然で、身を粉にしてでも働こうという気持ちにはなりませんので、早速、改善に取り組みましょう。

　一方、②はMSW業務の本質的な要素ですので、退職を申し出た部下の適性や、この業務に対応する実践能力の現時点での到達点、臨床現場でMSWに課せられている業務の質量の程度、などを慎重に検討する必要があります。業務に耐えうる実践能力がなければバーンアウトのリスクがあります。業務質量がストレス耐性をはるかに超えているとしたら、上司自身がスーパーバイザーに相談して、業務の見直しに着手することが求められます。

13 管理業務だけでなく臨床業務をもっとやりたい

　MSW は、自立性の尊重・受容・共感・客観性をベースにクライエントと専門的関係をもち、その過程でクライエントの生活・人生を理解するように努め、病院という特殊な現場であるがゆえに全世代の方々と出会い、あらゆる生活課題・生活場面・自己決定に立ち会います。これらをこの業務の醍醐味として実感されている人は少しでも長く携わっていたいと思われることでしょう。

　一方、ベテランであるほど、次世代への引き継ぎも意識していると思います。卓越した先代の後任が苦労するのは世の習いです。ソーシャルワークサービスが途切れるようなことがあるとすれば、クライエントの利益を守ることができません。計画的な業務の委譲は、病院における MSW 部門の保持だけでなく、サービスを必要とするクライエントのためにも重要な案件です。

　近年地域医療連携や入退院調整の拡張により、MSW は自らのペースで、または自分たちだけのエリアで、業務展開することが難しくなりました。MSW が配属される部署は多職種で構成されるようになり、所属長が看護師など他職種となる場合もあります。本来的機能とは異なる業務を要求する他職種に対して主張できないとか、または常に一緒にいることで他職種の言動に疑問を感じなくなったなど、業務にソーシャルワークの理念を反映させにくいとの弊害も懸念されています。MSW 業務を退職された人への私たちの面接調査で、環境因子として指摘されたのは、裁量を超えた「過重業務」、他のスタッフとの関係による「同僚への疲弊」、困ったときに頼りにしたい「相談相手の不在」でした。

　以上のような業務の継続にすら影響を及ぼす状況において、今ほど MSW 部門の管理者のリーダーシップが期待されているときはありません。MSW の複数配置が本格的に進んだのは 1990 年代からであり、それ以前の MSW は大病院であっても「一人職場」が通例で、直属の上司が他職種であることは当たり前でしたので、上司を含め院内の他職種に MSW 業務をいかに理解させるかも仕事のうちだと認識していました。とはいえ、配属関係は形式的で、業務展開にまで口を挟まれることはまれでしたので、「孤立無援」であっても穏やかで、現在の"多勢に無勢"のほうが厳しいと実感しています。アドミニストレーションも方法論の一部であることをあらためて認識し、業務内容の点検、部下のモチベーション向上、院内での位置付けに関する管理部門との交渉など、戦略的に管理業務に取り組むことを期待します。

14 理想的な上司とは どんな存在でしょうか

　SOC やワーク・エンゲイジメントを強化・刺激する取組みができることが「理想的」といえます。もちろん、部下の生来的要素や、職場の環境的要素も関連しますが、「仕事の負担感を減らし、モチベーションを高める」ための要点をまとめると、①ルール・責任所在・方針の明確化、②先輩・同僚との良好な関係の醸成、③能力を意識した業務配分、④部下に一定程度の裁量容認、⑤適正なリーダーシップ・評価、⑥研修・スーパービジョン体制の整備、となります。

　その職場が今どのような状況にあるのか、この先はどのような展開が予想されるのか、それらにどのような姿勢で臨めばいいのか、中堅以上であっても正しく判断するのは難しいテーマです。具体的な見通しや目標を示すことが上司の役割であり、部下に安心をもたらし、対策を検討する契機にもなります。

　部下に対し、何かにつけ「何かあった？」などと、気にかけているでしょうか？　日常的な場面での声かけは、その人の存在を認めることに通じます。穏やかな雰囲気は特に新人の緊張をほぐし、同僚間の援助・被援助関係にも支持的な影響を及ぼします。部署の目配りで部下の業務状況を把握し、業務過多の部下には仕事の配分を調整して負担感を減らすことも大切な役割です。

　もっとも、業務の確実性だけを考え、ベテランや上司が担当するようでは部下の成長が期待できません。決定的に破綻せず、患者さんに危険が及ばないのなら、多少のリスクを冒してでも任せる決断が求められます。バックアップ体制や業務モデルを示しながら、現在の能力をやや上回る仕事をも委ねれば、部下は自分への期待や信頼を実感することでしょう。

　そして、どの業務でも、その結果に対して、その都度、フィードバックすることが大切です。部下は失敗を自覚しつつ、上司が自分の仕事をどう思っているのか気にしているものです。その思いを意識して応えましょう。100％の成果を上げなかったとしても困難に立ち向かったことへのねぎらいは忘れてはいけません。頑張ったときには分かりやすく評価するのも人心掌握の要点です。

　意識的に社会保障制度の新しい知識を修得しないと MSW は不全感を覚えてしまいます。計画的に部下の院内外の研修機会を保証することも必要です。部署内研修には構成員の所属感や凝集性を向上させる効果もあります。

第**4**章
元気に
仕事を続ける
ための
Q&A

■参考文献
・杉山明伸・保正友子・楢木博之・大口達也「医療ソーシャルワーカーの業務継続意向の関連要因に関する研究」『医療と福祉』102,
　51（1）, 53-61頁, 2017年

おわりに
〜10年後も
医療ソーシャルワーカーで
あるために

都道府県協会を上手に活用していく

杉山明伸

　現在、全体的に MSW 数は増えていますが、県協会の会員数は横ばいか微減状態です。研修や運動に関する全国組織の働きは重要ですが、日常的には、近しい関係性のなかで実際の業務を通して活動の基盤を確認する場として、県協会が大切な役割を担っています。

　埼玉県医療社会事業協会は業務従事者 40 人で 1956 年に設立されました。発足前から保健所に専任相談員が配置され、前後して公立・公的病院にも着任していき、主な援助内容は結核患者入院病床確保、売春婦更正相談、肢体不自由児療育指導、医療費・生活費保障、精神病者受療援助、病者家族の生活全般の相談などで、この職のパイオニアは世相を反映した相談業務を通じ、地域の復興の一翼を担ってきました。ただし、皆保険が 1961 年に整ったことを思えば、乏しい社会資源のなかでの苦闘であったことが容易に想像できます。

　埼玉県協会は 1969 年に社団法人に改組し、1998 年頃より MSW の配置が一気に促進し、会員は 500 人を超えました。職務の認知も相応に得られるようになりましたが、クライエントの課題はいつの時代も容易に解決できるものではなく、社会構造が変わる毎に MSW は病院とともに翻弄されがちになります。難儀な状況に自らの不遇さを託（かこ）ちたくなりつつも、互いに励ましあい、「クライエントのためのソーシャルワーク」との意識は守り続けました。県協会の歴史は、この地で繰り広げられる数々の生活の営みの充実を願い、幾多の先輩・同僚が一石ずつ築いた実践の上に成り立っています。

　2014 年埼玉県より公益社団法人の認定を受領した際も、財務処理等に制度改革趣旨に則った変更があるものの、会員の活動に「公益性」があるとの信念のもと協会のあり方は「今まで通り」を維持しました。弁護士・司法書士・税理士からも「会員の会費だけで運営し、県民の医療福祉のために従事していることは『公益』そのものである」とお墨付きをいただき、意を強くしました。

　昨今の医療制度の制限や保健医療機関という枠内では、MSW としての独自性を発揮するために相当の創意工夫を必要としています。手を携え知恵を絞り、この職を志した時の想いを十分に表すためにも、時には一人の MSW として県協会を上手に活用されることを心より願います。

MSW を続けるために

楢木博之

　私は大学卒業後すぐ MSW になりました。当時、社会福祉士が国家資格になっていましたが、無資格で働いていました。ほとんどソーシャルワークの知識がないまま MSW を行っていたことになります。今考えると恥ずかしい、当時のクライエントに申し訳ないという気持ちになります。

　しかし、私よりもソーシャルワークの勉強をして MSW になっていた人が今も一緒に活動しているかといえば、残念ながらそうではありません。同時期に MSW をしていた人や後輩たちが離職してしまうという状況を何回も見てきました。そのたびに何ともいえない寂しさを感じていました。このような思いから、「MSW が離職しないようにするために何が必要なのかを明らかにして、継続できるための方法を見つけたい」と今回の研究に参加しました。

　実際に MSW を辞めてしまった人、辞めたいと思いながら現在まで続けている人、いろいろな人の声を聞かせていただきました。共通していたことは、「制度の動きが MSW に大きく影響している」ということでした。社会福祉士を取得できず介護職に異動になった人、退院支援という結果が求められてそれに応えられず離職に至ってしまった人、MSW を続けたいと思いながらも地域包括支援センターに異動になった人、退院支援看護師との役割分担で葛藤を感じている人等、制度の動きがそのまま影響している状況でした。

　私が MSW として働いているときよりも、いっそう制度等の知識や地域の社会資源の情報を集めないと業務ができない環境になっています。MSW として就職した人たちが離職することなく業務を続けていけるようにすることは、いっそう困難な状況になっているのかもしれません。しかし以前よりも MSW への期待は高まっています。介護支援専門員にとって MSW は欠かせない存在になっています。クライエントから見れば入院だけではなく、外来時からかかわってくれる MSW がいると心強い存在になります。このような状況だからこそ、長く続けていける環境が大切だと強く思います。

　この本でも触れていますように、離職しないためには個人の努力だけでなく職場や職能団体等、周囲の環境も大きく影響します。MSW として入職したみなさんが長く業務を続けるために、本書が少しでもお役にたてたらうれしく思います。

おわりに

165

「MSW を続けてきてよかった」と 思えることを願って

保正友子

　私がソーシャルワーカーの成長過程の研究を始めてから、もうすぐ 20 年近くが経とうとしています。最初は、それまで明らかにされていなかったソーシャルワーカーの成長過程について、すでに先行研究が存在した教師や看護師、経営学のキャリア発達の研究知見を借りて、ソーシャルワーカーに援用するところから始めました。

　その後、私も経験した MSW に対象を絞り、MSW の実践能力はどのように変容するのかの研究に取り組むようになりました。そこでは、実践能力が高いと思われるリーダー格のベテランや中堅者を対象とした調査に基づき、どのようにして実践能力を向上させてきたかの道筋を明らかにしました。

　しかし、それはあくまで成功した例で、今も MSW 業界で活躍している人たちです。その一方で、スポットライトが当たることなく、ひっそりと MSW 業界から身を引いていく人たちが後を絶たない状況が見受けられます。その人たちの状況も照らし出さないと不公平であるとの思いをもち、次は MSW の離職研究に取り組むことにしました。そこで、埼玉県医療社会事業協会会長の杉山明伸先生、静岡県医療ソーシャルワーカー協会副会長の楢木博之先生とともに共同研究を進めてきました。本書は、共同研究をもとに、現任の MSW や管理者、そして MSW を志す学生に向けて編纂したものです。

　MSW という職業は、とても奥が深くやりがいがある仕事です。生きることの喜びや苦しみ、暮らしの多様さを教えてくれます。そんな素敵な職業に携わる方々が、今日も生き生きと仕事に取り組めるよう、私は本書を通して研究者の立場からエールを送ります。そして、自らを大事にできる MSW こそが、患者・家族や周囲の人たちを大事にすることができ、ひいては誰もがその人らしく暮らせる、豊潤な社会の実現に結びついていくのではないでしょうか。

　10 年後も MSW であるということは、さまざまな点で現時点とは異なるポジションにいることを意味します。そこに至るまでには、何度もつらく悲しいことを経験するでしょう。でもそれに匹敵するくらい何度も何度もうれしいことや感動する出来事にもきっと出会えるはずです。この本を読んでくださった方々が、10 年後に「いろいろあったけど、MSW を続けてきてよかったなぁ…」と心から思ってくださることを願いつつ、筆をおくことにします。

索 引

169

著者紹介

すぎやま あきのぶ
杉山明伸

第1章 1, 2-③
第2章 1-①, 1-②
第3章 1-①, 1-⑤
第4章 11〜14
おわりに

1958年静岡県生まれ。立教大学心理学科、東洋大学大学院社会学研究科博士前期課程修了。社会福祉士、精神保健福祉士、臨床心理士。小川赤十字病院・石心会狭山病院ソーシャルワーカー、埼玉県立大学を経て、2011年より立教大学コミュニティ福祉学部福祉学科准教授。1995年より、公益社団法人埼玉県医療社会事業協会会長。主著に、『IPWを学ぶ——利用者中心の保健医療福祉連携』（共著）中央法規出版, 2009年

ほしょう ともこ
保正友子

第1章 2-①
第2章 1-③, 2
第3章 1-②
第4章 6〜10
おわりに

富山県生まれ。2000年日本福祉大学大学院博士後期課程退学。博士（ソーシャルワーク）、社会福祉士。
総合病院等のソーシャルワーカーを経て、2018年より日本福祉大学社会福祉学部社会福祉学科教授。
主著に、『医療ソーシャルワーカーの成長への道のり——実践能力変容過程に関する質的研究』（単著）相川書房, 2013年
ホームページ：http://www.moka.justhpbs.jp/index.html

ならき ひろゆき
楢木博之

第1章 2-②
第2章 1-④
第3章 1-③, 1-④
第4章 1〜5
おわりに

1972年鹿児島県生まれ。東北福祉大学大学院総合福祉学研究科社会福祉学専攻修士修了。社会福祉士、精神保健福祉士、介護福祉士、認定医療社会福祉士。
御殿場高原病院で医療ソーシャルワーカー、同法人居宅介護支援事業所介護支援専門員を経て、2009年身延山大学専任講師、2019年より静岡福祉大学社会福祉学部福祉心理学科准教授。
主著に、『すぐに使える！学生・教員・実践者のためのソーシャルワーク演習』（共著）ミネルヴァ書房, 2018年

さかきばら じろう
榊原次郎

第3章 2-①, 2-②

1970年東京都生まれ。ルーテル学院大学大学院総合人間学研究科社会福祉専攻博士前期課程修了。兵庫県立大学大学院経営研究科医療マネジメント専攻（MBA）修了。社会福祉士、介護支援専門員。
霞ヶ関南病院を経て、2018年よりたちかわ脳神経外科クリニックソーシャルワーカー。
主論文に、「回復期リハビリテーション病棟におけるソーシャルハイリスクのある患者特性分析と患者支援」『医療社会福祉研究』2019年

おおぐち たつや
大口達也

第3章 1-②〜④の①のみ

1984年神奈川県生まれ。立教大学大学院コミュニティ福祉学研究科博士後期課程退学。修士（コミュニティ福祉学）。社会福祉士。
東京都国分寺市福祉保健部高齢者相談室（国分寺市地域包括支援センター）、公益財団法人東京都福祉保健財団高齢者権利擁護支援センターを経て、2016年より高崎健康福祉大学健康福祉学部社会福祉学科講師。

医療ソーシャルワーカーの
ストレスマネジメント
やりがいをもって仕事をするために

2020年4月15日　発行

編　著　　杉山明伸・保正友子・楢木博之
発行者　　荘村明彦
発行所　　中央法規出版株式会社
〒110-0016
東京都台東区台東3-29-1　中央法規ビル

営業　　　　TEL 03-3834-5817　FAX 03-3837-8037
取次・書店担当　TEL 03-3834-5815　FAX 03-3837-8035
https://www.chuohoki.co.jp/

ブックデザイン・イラスト：mg-okada
印刷・製本：長野印刷商工株式会社

ISBN978-4-8058-8119-4